AI 시대 플랫폼 노동

AI문고

인공지능 시대입니다. 기계가 인간의 인지를 대신하고, 사물이 인간을 통하지 않고 다른 사물과 직접 커뮤니케이션합니다. 이에 따른 인간 삶과 문명 변화를 정확히 이해·예측·대응하는 것은 이 시대 우리 모두의 과제입니다. AI문고는 인공지능 기술과 환경의 여러 주제를 10가지 키워드로 정리합니다. 관련 개념과 이론, 학계와 산업계의 쟁점, 우리 일상의 변화를 다룹니다. 인간과 기술의 현재, 미래를 세심히 분석합니다.

일러두기

- 인명, 작품명, 저서명, 개념어 등은 한글과 함께 괄호 안에 해당 국가의 원어를 병기했습니다.
- 외래어 표기는 현행 어문규정의 외래어표기법을 따랐습니다.

처음이세요?
전문가세요?

지금, 큐알 찍으면
AI 입문서 바로 선물
당신만의 필독서 추천
500권 요약본 공짜
오디오북 무료 사용

AI 시대 플랫폼 노동

남승석·여현철

대한민국, 서울, 커뮤니케이션북스, 2026

AI 시대 플랫폼 노동

지은이 남승석·여현철
펴낸이 박영률

초판 1쇄 펴낸날 2026년 2월 13일

커뮤니케이션북스(주)
출판 등록 2007년 8월 17일 제313-2007-000166호
02880 서울시 성북구 성북로 5-11
전화(02) 7474 001, 팩스(02) 736 5047
commbooks@commbooks.com
www.commbooks.com

ISBN 979-11-430-1885-4 03500

책값은 뒤표지에 표시되어 있습니다.

차례

AI 시대, 플랫폼 노동의 새로운 규범

왜 지금 플랫폼 노동인가

21세기 디지털 경제의 핵심 축은 플랫폼이다. 배달의민족, 쿠팡이츠, 카카오T부터 유튜브, 틱톡, 아프리카TV에 이르기까지 온라인 플랫폼은 우리 일상 전반에 깊숙이 침투하였다. 점심시간 사무실로 배달되는 음식, 퇴근길에 호출한 택시, 잠들기 전 소비하는 영상 콘텐츠의 이면에는 디지털 네트워크를 매개로 노동을 제공하는 수백만 명의 노동자가 존재한다. 한국의 경우, 2023년 기준 협의의 플랫폼 종사자는 약 88만 3000명으로 전년 대비 11.1% 증가하며 급격한 확장세를 보이고 있다.

그러나 이들의 법적 지위는 기술적 진보와 달리 여전히 불분명하다. 이는 기술은 혁신적이나 노동 방식은 오히려 과거의 외주 노동처럼 퇴행하는 이른바 '혁신의 역설(innovation paradox)'을 보여 준다. 배달 라이더는 알고리즘이 정한 최적 경로에 따라 이동하고 실시간 GPS 감시를 받지만, 고객 평점 하락 시 배차 제한이나 계정 정지(deactivation)라는 '디지털 해고' 위험에 상시 노출되어 있다. 유튜브 크리에이터 역시 플랫폼의 추천 알고리즘에 따라 수익이 결정되는 종속적 구조에 놓여 있으나 형식적으로는 '독립 계약자'나 '파트너'로 분류되어 근로기준법의 보호로부터 소외되어 있다.

여기에 인공지능(AI)이라는 결정적 변수가 더해졌다. 생성형 AI의 등장은 인간의 인지 활동을 대체하는 '지능 아웃소싱'의 시대를 열었으며, 노동시장 구조 자체를 근본적으로 변화시키고 있다. AI 알고리즘은 노동자의 성과를 '알고리즘적 파놉티콘(algorithmic panopticon)'처럼 실시간으로 감시할 뿐만 아니라 이제는 변호사, 회계사, 의사 등 고소득 전문직의 업무 영역까지 위협하고 있다. 실제로 한국 노동자의 약 12%인 341만 명이 AI 대체 고위험군에 해당한다는 분석은 플랫폼 노동이 더 이상 주변적 현상이 아닌 우리 사회 전체의 실존적 과제임을 시사한다.

이 책의 문제의식

인공지능(AI) 기술과 디지털 플랫폼의 결합은 노동의 형태, 관리 방식, 보상 구조를 전면적으로 재편하고 있다. 그러나 현행 노동법 체계는 이러한 급격한 변화를 충분히 포착하지 못한 채 법적 사각지대를 확대하고 있다. 플랫폼 기업은 알고리즘을 통해 업무 배정, 가격 결정, 평가 및 제재 등 사실상 사용자 기능을 수행하면서도, 스스로 단순 중개자로 규정하며 법적 책임을 회피하고 있다. 이러한 현실은 기술적 진보가 오히려 노동 조건의 퇴행을 동반하는, 이른바 '혁신의 역설'을 낳고 있으며, 모바일 앱이 공장 관리자를 대체하는 '디지털 테일러리즘'의 확산으로 이어지고 있다.

이 책은 이러한 모순적 구조를 분석하고 AI 시대 플랫폼 노동의 본질을 규명하기 위해 다음과 같은 다층적 이론 틀을 적용한다.

첫째, 플랫폼 자본주의와 인지 자본주의 이론이다. 현대 자본주의는 노동의 가치 원천이 물질(atom)에서 인지 · 주의 · 데이터(bit)로 이동했음을 의미하는 인지 자본주의 단계에 진입하였다. 플랫폼은 이용자의 일상적인 소통과 활동을 데이터로 전환하여 가치를 추출하며, 이 과정에서 개인은 전체로서의 주체가 아닌 파편화된 데이터 조각인 '가분체(dividuals)'로 관리되는 기계적 예속 상태에 놓이게 된다.

둘째, 노동 과정 이론과 디지털 무임노동론이다. 이용자의 자발적 참여와 창작이 상품화되는 메커니즘을 검토하고 '놀이(play)'와 '노동(labor)'의 경계가 붕괴되는 지점에서 발생하는 착취 구조를 비판적으로 분석한다. 특히 크리에이터의 활동이 자율성이라는 외피를 쓴 채 알고리즘에 종속되어 자기 착취로 이어지는 '플레이버(playbor)' 현상과 플랫폼의 이윤을 위해 무보수로 수행되는 다양한 형태의 디지털 무임노동의 본질을 규명한다.

셋째, 법적 종속성과 알고리즘 관리다. 전통적인 인적 · 직접적 지휘-감독 기준의 한계를 넘어, 알고리즘을 매개로 한 기술적 통제가 어떠한 새로운 종속성을 형성하는지를 분석한다. 노동자가 언제 어디서든 감시당하고 있다는 인식을 통해 스스로를 규율하게 만드는 '알고리즘적 파놉티콘'의 작동 방식과 계정 비활성화라는 일방적인 '디지털 해고'가 노동자의 지위를 어떻게 불안정하게 만드는지 논증한다.

넷째, 테크노 레귤레이션과 사회적 규범의 재구성이다. 법이나 규범이 아닌 기술 그 자체가 행위의 가능성을 사전에 설계함으로써 규제 기능을 수행하는 '테크노 레귤레이션(techno-regulation)' 현상을 분석한다. 이를 토대로 알고리즘의 투명성과 설명 가능성을 의무화하고, 플랫폼 기업의 사용자 책임을 명확히 함으로써 인간과 기술이 공존하는 노동의 미래에서 지켜야 할 사회적 규범과 제도적 대안을 모색한다.

이 책의 구성

이 책은 총 10개 장을 통해 인공지능(AI)과 디지털 플랫폼의 확산으로 노동의 조직과 관리 방식이 급격히 재편되는 현실을 다각도로 분석하며, 구체적인 구성은 다음과 같다.

제1장 "플랫폼 노동의 개념과 유형"

플랫폼 노동을 온라인 네트워크를 통해 일감이 매칭되는 새로운 고용 형태로 정의한다. 특히 업무 수행 장소에 따라 웹 기반의 '클라우드 노동'과 특정 물리적 장소가 필수적인 '긱 노동'으로 유형화하며, 시장적 거래와 기업 내부 관리가 결합된 플랫폼 노동의 '하이브리드적 성격'을 규명한다.

제2장 "플랫폼의 노동 과정 개입"

플랫폼이 노동 과정에 개입하는 방식을 호출형, 관리형, 중개형, 전시형, 미세 작업형의 다섯 가지로 체계화한다. 기술적 진보가 오히려 노동 조건의 퇴행을 초래하는 '혁신의 역설'과, 알고리즘이 기존 관리자의 역할을 대체하여 노동을 표준화하는 ‘디지털 테일러리즘’의 양상을 심도 있게 고찰한다.

제3장 “플랫폼 노동자의 근로자성”

대법원 2004다29736 판결이 확립한 사용 종속 관계 기준을 검토하고, 2024년 ‘타다’ 드라이버 판결(2024두32973)을 통해 플랫폼의 간접적·구조적 노무 관리 방식이 근로자성 판단에 미치는 영향을 분석한다. 이는 AI 시대의 새로운 종속성 판단 기준을 제시하는 법리적 이정표가 된다.

제4장 “알고리즘 관리와 종속성”

알고리즘 경영의 세 가지 핵심 기능인 지시, 평가, 규율을 분석하며, 실시간 GPS 감시를 통해 노동자가 스스로를 통제하게 만드는 ‘알고리즘적 파놉티콘’의 실태를 다룬다. 특히 계정 비활성화가 지닌 ‘디지털 해고’적 성격과 알고리즘의 ‘블랙박스’ 문제를 비판적으로 논증한다.

제5장 “해외 판례와 입법 동향”

프랑스, 영국, 스페인 등 주요국의 판례와 2024년 채택된 EU 플랫폼 노동 지침을 비교 검토한다. 이를 통해 기준 완화형, 입증 책임 전환형(고용 관계 추정), 제3범주 도입형이라는 세 가지 제도적 대응 모델을 분석하고 한국 법제에 대한 시사점을 도출한다.

제6장 "플랫폼 자본주의와 인지 자본주의"

데이터를 핵심 원자재로 하는 플랫폼 자본주의의 축적 체제를 분석한다. 노동 가치가 물질에서 비트로 이동하는 과정에서 개인이 파편화된 데이터 조각인 '가분체'로 관리되는 '기계적 예속' 현상을 진단한다.

제7장 "창의 노동과 디지털 무임노동"

1인 미디어 창작 노동에서 자율성과 착취가 공존하는 '좋은 노동/나쁜 노동'의 양가성을 검토한다. 무임노동의 7가지 은유와 놀이와 노동이 결합된 '플레이버' 개념을 통해 이용자의 자발적 참여가 플랫폼의 가치로 전유되는 구조를 분석한다.

제8장 "인플루언서와 플랫폼 경제"

인플루언서가 '인간 광고판'으로 기능하며 정체성을 상품화하는 과정과 디지털 후원 시스템의 사행성 문제를 다룬다. 특히 아동 유튜버의 활동을 명확히 '노동'으로 규정하고, 미국의 쿠건법(Coogan Law)과 같은 아동 권익 및 재산권 보호 제도의 시급성을 논한다.

제9장 "AI와 노동시장 구조 변화"

AI 노출 지수를 활용해 고학력·고소득 전문직이 직면한 대체 위험을 평가하며, 지능 인프라 전환이 가져올 고용 구조의 재편을 전망한다. 기업이 인력을 양성하는 대신 AI로 대체하며 발생하는 '초급 인력의 역설'과 직업 유형별 소득 양극화 시나리오를 분석한다.

제10장 "AI 시대 플랫폼 노동 규범의 재구성"

노동 과정 이론, 대리인 이론, 테크노 레귤레이션의 관점에서 새로운 규범적 토대를 마련한다. 고용 관계 추정 원칙 도입, 알고리즘에 대한 '인간에 의한 검토' 권리 보장, 플랫폼 기업의 사용자 책임 강화 등 구체적인 정책 과제를 최종 제안한다.

이 책은 영화·영상 문화와 AI·알고리즘을 연구해 온 남승석과 미디어 산업·경영 및 방송·통신·커머스 AI 정보 규제 분야에서 업무를 수행해 온 여현철의 공동 작업이다. 이 책은 인문학적 통찰과 법·제도·정책적 분석을 통해서 플랫폼 노동자, 플랫폼 기업, 정책 입안자, 연구자, 그리고 플랫폼 경제의 주체인 모든 시민에게 AI 시대 노동의 존엄을 재사유하는 출발점이 되는 것을 목표로 한다.

01
플랫폼 노동의 개념과 유형

플랫폼 노동은 온라인 네트워크를 매개로 이루어지는 노동으로, 특정 직종이 아니라 노동이 조직되고 거래되는 방식을 의미한다. 이 장에서는 지역 기반 노동(운송 · 배달 · 돌봄)과 웹 기반 노동(SW 개발 · 콘텐츠 창작 · 데이터)으로 플랫폼 노동을 구분하고 이를 유형 분류와 연계해 설명한다. 또한 한국에서 플랫폼 노동의 확산 양상과 그 법적 지위를 둘러싼 논쟁을 살펴본다.

기후 위기와 인공지능?

플랫폼 노동의 정의와 본질

플랫폼 노동의 개념

플랫폼 노동은 디지털 대전환과 새로운 직업의 등장이라는 현상을 넘어, 노동이 조직되고 수행되며 관리되는 방식 자체의 근본적 변화를 의미하고 디지털 플랫폼을 통해 '일자리'가 아니라 '일감'을 수주하여 수행하고, 그 대가로 보수를 얻는 노동으로 이해된다.

플랫폼 노동의 핵심은 노동의 연결과 조정이 디지털 플랫폼을 매개로 이루어진다. 노동자는 플랫폼을 통해 일감을 탐색하고 수락하며, 플랫폼은 알고리즘과 시스템을 통해 노동의 배정, 수행 방식, 평가, 보수 지급 과정에 직·간접적으로 관여한다.

국제기구 및 연구 기관의 정의

국제기구와 선행 연구들은 플랫폼 노동을 공통적으로 플랫폼의 중개·조정 기능을 중심으로 한 노동 형태로 규정하고 있다. 페솔 등(Pesole et al, 2018)은 플랫폼 노동을 온라인 네트워크를 매개로 노동 서비스의 거래가 조정되는 노동으로 정의하며, 디지털 플랫폼이 노동의 수요와 공급을 연결하는 핵심적 장치임을 강조한다.

OECD(2019)는 플랫폼 노동을 플랫폼의 중개 또는 알선을 통해 유급 서비스를 제공하고 수입을 얻는 고용 형태로 설명한다. 유로파운드(Eurofound, 2018) 역시 조직 또는 개인이 수입을 목적으로 온라인 플랫폼을 활용해 다른 개인이나 조직에게 서비스나 문제 해결을 제공하는 취업 형태로 정의한다.

국제노동기구(ILO)는 최근 보고서에서 지난 10여 년간 웹 기반 플랫폼과 지역 기반(온디맨드) 플랫폼이 모두 급속히 증가했음을 지적하며, 플랫폼 노동이 특정 산업에 국한된 현상이 아니라 전 세계 노동시장의 구조적 변화로 확산되고 있음을 보여 준다.

국내에서의 개념 정의

한국에서 플랫폼 노동은 법률상 개념이 아니라 통계 작성과 정책 분석을 위한 조사 개념으로 정립되어 왔다. 2020년 일자리위원회 산하 '플랫폼 노동과 일자리 TF'는 플랫폼 노동의 규모와 실태를 파악하기 위한 정부 차원의 통계 기준을 처음으로 제시하였다. 이후 고용노동부와 한국고용정보원이 수행한 "플랫폼 종사자 실태조사"에서는 플랫폼 노동을 다음과 같은 요소를 중심으로 파악하고 있다.

즉, 디지털 플랫폼을 통해 노무 제공 기회가 중개·알선되고, 플랫폼을 통해 일감을 수주하며, 보수 지급 과정에 플랫폼이 관여하고, 고객 평가나 알고리즘 등 플랫폼의 시스템이 일감 배정이나 노동 조건에 일정한 영향을 미치는 경우를 플랫폼 종사자로 분류한다. 다만 이러한 기준은 통계적 파악을 위한 실무적 정의로서, 개별 종사자의 법적 지위나 근로자성 판단을 직접적으로 결정하는 기준은 아니다.

플랫폼 노동의 본질: 하이브리드 노동의 형태

한국의 노동법 체계와 사회보장제도는 오랫동안 노동자를 회사에 고용된 근로자와 독립적으로 일하는 개인 사업자로 구분하는 이분법적 구조를 유지해 왔다. 그러나 플랫폼 노동은 이러한 구분으로 설명되기 어려운 노동 형태를 광범위하게 만들어 내고 있다.

플랫폼 종사자는 자신의 차량이나 장비 등 생산수단을 활용하고, 형식적으로는 업무 선택이나 근무 시간에 일정한 자율성을 갖는다는 점에서 자영업자의 특성을 보인다. 그러나 실제 노동 과정에서는 플랫폼이 업무를 배정하고, 작업 방식과 서비스 기준을 설정하며, 평점·계정 관리 등을 통해 노동 전반을 관리·통제하는 경우가 많다. 이로 인해 플랫폼 종사자의 실질적 자율성은 제한되며, 일부 경우에는 전통적인 임금노동과 유사한 종속성이 나타난다.

이러한 점에서 플랫폼 노동은 시장적 거래와 기업 내부 관리의 요소가 결합된 하이브리드적 노동 형태로 이해될 수 있다. 플랫폼 노동의 확산은 기존의 근로자-자영업자 이분법이 이미 다양한 노동 현실을 충분히 설명하지 못하고 있었음을 드러내고 있다.

한국의 플랫폼 노동자 규모

광의와 협의의 플랫폼 종사자

플랫폼 노동자의 규모를 파악할 수 있는 단일한 공식 통계는 존재하지 않는다. 이는 노동의 유형이 더 다양해지고, 국제적으로 통일된 분류 기준이 존재하지 않으며, 기존 노동 통계가 임금근로자를 중심으로 설계되어 왔기 때문이다. 한국에서는 조사 목적에 따라 광의와 협의의 정의가 병행되어 사용되고 있다.

고용노동부 · 한국고용정보원의 "플랫폼 종사자 실태조사"에 따르면, 협의의 의미에서 플랫폼 종사자는 2022년 약 80만 명, 2023년에는 약 88만 3000명으로 증가한 것으로 추정된다. 반면 플랫폼을 통해 일감을 구한 경험까지 포함하는 광의의 정의를 적용할 경우, 그 규모는 훨씬 크게 나타난다. 따라서 플랫폼 노동 규모에 관한 수치는 정의와 조사 방법을 함께 고려하여 해석할 필요가 있다.

국내 플랫폼 노동자 규모와 직종별 분포

한국고용정보원 조사에서는 플랫폼 종사자를 정의(광의/협의)별로 구분해 추정한다. 광의(플랫폼을 통해 일감을 구한 경험 등 넓은 범주)의 기준으로는 2022년 약 292만 명으로 제시되며, 2021년 약 220만 명 대비 증가한 것으로 보고된 바 있다. 협의(플랫폼의 배정 · 평가 · 계정관리 등 '알고리즘/플랫폼 관리'가 일 배정에 영향을 미치는 형태)의 기준으로는 2022년 약 80만 명(15~69세 취업자 기준 3.0%)이 제시되었고, 이후 2023년에는 88.3만 명(2022년 79.5만 대비 11.1%↑)으로 발표되었다. 직종 분포는 조사에서 일관되게 배달 · 배송 · 운전 분야가 가장 큰 규모로 언급된다. 다만 2022년 조사에서는 배달 · 배송 · 운전의 증가는 제한적인 반면, 가사 · 청소 · 돌봄 분야가 큰 폭으로 증가(전년 대비 +89.3%)한 것으로 보고되었다.

국제 비교

국가 간 플랫폼 노동 규모는 정의('경험' 포함 여부, 주업/부업 구분), 조사 설계(표본 · 문항), 측정 범위(온디맨드/웹 기반 포함)에 따라 크게 달라진다.

미국의 경우, 노동통계국(Bureau of Labor Statistics)에서는 2017년 "전자적으로 중개되는 단기 일감(electronically mediated work)" 종사자를 총고용의 1.0%로 추정했다.

유럽에서는 COLLEEM(유럽 집행위 JRC 기반) 등에서 '플랫폼을 통한 유급노동 경험'을 넓게 잡으면 평균 약 10%가 '경험' 수준으로 나타나지만, 빈번한 참여는 그보다 낮다는 점이 함께 제시된다.

또한 EU 차원에서는 2021년 기준 플랫폼을 통해 일하는 사람이 약 2800만 명이며, 이 중 약 550만 명이 자영업자로 잘못 분류되었을 수 있다는 추정이 공식 발표 자료에서 반복적으로 언급된다.

플랫폼 노동의 유형 분류

Schmidt(2017)의 분류: 클라우드 노동과 긱 노동

플랫폼 노동의 유형을 체계적으로 구분한 초기 연구 가

운데 가장 널리 인용되는 분류는 Schmidt(2017)의 틀이다. Schmidt는 플랫폼을 통해 거래되는 노동을 업무 수행 장소를 기준으로 웹 기반의 클라우드 노동(cloud work)과 장소 기반의 긱 노동(gig work)으로 구분하였다. 또한 업무 수행자가 결정되는 방식에 따라 스태핑(staffing)과 크라우드소싱(crowdsourcing)으로 다시 구분하였다.

클라우드 노동은 업무 수행과 결과물 전달이 온라인에서 이루어지는 노동을 의미한다. 노동자는 인터넷 접속만 가능하다면 장소에 구애받지 않고 작업을 수행할 수 있으며 지리적 제약이 거의 없다. 이 유형은 다시 세 가지로 나뉜다. 첫째, 프리랜서 마켓플레이스는 소프트웨어, 디자인, 번역, 회계 등 비교적 전문성이 요구되는 서비스를 중개하는 플랫폼이다. 둘째, 마이크로태스킹은 데이터 라벨링, 이미지 태깅, 설문 응답과 같이 단순하고 반복적인 소규모 과업을 다수의 노동자에게 분배하는 방식이다. 셋째, 콘테스트 기반 창작 플랫폼은 창작물을 공모한 뒤 선정된 결과물에만 보상이 이루어지는 형태를 말한다.

긱 노동은 업무가 특정한 물리적 장소에서 수행되어야 하는 노동으로, 플랫폼은 서비스 제공자와 이용자를 연결하지만, 실제 노동은 오프라인에서 이루어진다. 이 유형에는 운송 서비스, 배달 서비스, 가사·돌봄 서비스 등이 포함된다. 이러한 노동은 이동과 대면이 필수적이며, 서비스 수요가 발생한 지역 내에서 노동이 완결된다는 특징을 갖는다.

업무 수행자 결정 방식에서 스태핑은 플랫폼이나 고객이 특정 노동자를 지정하여 과업을 배정하는 방식으로, 주로 전문성이 요구되는 프리랜서 업무에서 나타난다. 반면 크라우드소싱은 불특정 다수에게 과업을 공개하고 수락하거나 선정된 사람이 업무를 수행하는 방식으로, 마이크로태스킹이나 콘테스트 기반 플랫폼에서 일반적이다.

Schmidt의 분류 체계는 이후 ILO, Eurofound, OECD 등 국제기구의 플랫폼 노동 연구에서 반복적으로 활용되며, 플랫폼 노동 유형화를 위한 표준적 분석 틀로 자리 잡았다.

Eurofound(2019)의 5가지 유형 분류

Eurofound(2019)는 Schmidt의 분류를 발전시켜, 플랫폼 노동을 지역 기반 플랫폼 노동과 웹 기반 플랫폼 노동으로 구분하고 이를 세부 유형으로 나누었다.

지역 기반 플랫폼 노동은 온라인 애플리케이션을 통해 매칭되지만, 노동의 실제 수행은 특정 물리적 장소에서 이루어지는 형태다. 운송, 배달, 가사·돌봄 서비스 등이 이에 해당하며 육체적 활동과 이동이 필수적이다. 이러한 유형은 다수 국가에서 플랫폼 노동의 주요 영역을 형성하고 있는 것으로 보고된다.

웹 기반 플랫폼 노동은 인터넷 연결만으로 수행 가능하며, 노동의 결과물이 디지털 형태로 전달된다. 소프트웨어 개발, 번역, 디자인 등 전문 서비스형 프리랜서 노동이 대표적이다. 이와 함께 데이터 입력 및 마이크로태스킹과 같이 단순 반복 업무 수행 형태도 포함된다. 이 영역은 글로벌 노동시장과 직접적으로 연결되며, 국가 간 경쟁이 심화된다는 특징을 가진다.

일부 연구에서는 유튜브, 웹소설, 웹툰 등 콘텐츠 제작 활동도 플랫폼 기반 창의 노동의 한 형태로 논의하고 있으며, 이처럼 전통적인 '과업 중개형 플랫폼 노동'에서 확장된 논의 영역 구분이 더 설득력 있다.

참여 수준에 따른 유형 분류

플랫폼 노동자는 플랫폼 노동에 대한 경제적 의존도와 참여 빈도에 따라 구분될 수 있다. 선행 연구에서는 일반적으로 플랫폼 노동이 주된 소득원이 되는 주업형, 다른 직업을 병행하며 부수적으로 참여하는 부업형, 필요에 따라 비정기적으로 참여하는 간헐적 참여형을 구분한다.

이러한 참여 방식의 차이는 플랫폼 노동자의 소득 안정성, 위험 노출 수준, 알고리즘 변경이나 계정 제재에 대한 취약성에 영향을 미친다. 또한 플랫폼 노동 경험자를 어디까지 포함하느냐에 따라 플랫폼 노동자 규모 추정치가 조사마다 크게 달라지는 원인이 된다.

플랫폼 노동의 법적 지위 논쟁

근로자성 판단의 핵심 쟁점

플랫폼 노동자를 근로기준법상 근로자로 보호할 수 있는지를 둘러싼 논쟁은 현재도 지속되고 있다. 근로기준법상 '근로자'에 해당할 경우 임금, 퇴직금, 연차유급휴가, 해고 제한 등 전통적인 노동관계법령에 따른 보호가 전면적으로 적용되는 반면, 근로자로 인정되지 않을 경우 이러한 보호는 원칙적으로 적용되지 않는다.

플랫폼 노동의 확산은 전통적인 사용자-근로자 관계를 전제로 설계된 기존 노동법 체계의 한계를 드러내고 있다. 이에 따라 플랫폼 종사자의 노동자성을 기존 기준에 따라 확대 해석해야 한다는 견해와, 근로자 개념만으로는 플랫폼 노동의 다양한 현실을 포섭하기 어렵기 때문에 별도의 보호 체계를 마련해야 한다는 견해가 병존하고 있다. 다만 2023년 이후 산재보험 제도 개편을 통해 사회 보험 영역에서는 근로자성 판단과 무관하게 보호가 가능하도록 제도가 재편되면서, 근로자성 판단 문제와 사회 보험 적용 문제는 점차 분리된 논의 구조를 형성하고 있다. 이는 노동법상 지위 인정과 사회적 보호를 반드시 동일한 기준에 따라 처리하지 않으려는 정책적 전환으로 이해할 수 있다.

플랫폼 종사자 보호를 둘러싼 접근 방식

우리나라 법체계는 플랫폼 종사자를 독립된 법적 지위로 명시적으로 규정하고 있지는 않으나, 이들을 보호하기 위한 접근 방식은 다음과 같이 정리할 수 있다. 첫째, 근로자성 인정 확대 방식이다. 이는 노동관계법상 '근로자' 및 '사용자' 개념을 해석 또는 입법적으로 확장하여 플랫폼 종사자에게 근로기준법 등 관계 법령을 적용하는 방안이다. 이 방식은 기존 법체계와의 정합성을 유지할 수 있다는 장점이 있으나 개별 사안별 종속성 판단에 의존할 수밖에 없어 예측 가능성이 낮고 분쟁 비용이 크다는 한계가 있다. 둘째, 사회 보험 중심의 별도 보호 체계다. 현행 「산업재해보상보험법」은 근로자성 판단과 무관하게 일정 요건을 충족하는 플랫폼 종사자를 포함한 '노무 제공자'를 산재보험 적용 대상으로 규정하고 있다. 이는 노동법상 지위와 관계없이 업무상 재해에 대한 최소한의 사회적 보호를 우선적으로 보장하려는 제도적 전환으로 평가된다. 셋째, 제3의 보호 영역에 대한 논의다. 이는 근로자와 자영업자 사이의 중간적 노동 형태를 제도적으로 인정하고 제한적 보호를 부여하려는 시도로, 일부 국가의 비교법적 논의를 참고한 정책적 논의로 제기되어 왔다. 다만 우리나라에서는 현재까지 이러한 제3의 법적 지위를 명시적으로 도입하기보다는, 근로자성 판단은 사법적 판단에 맡기고 사회 보험 등 개별 영역에서 부분적 보호를 확대하는 방식이 채택되고 있다.

입법 및 정책 동향

정부는 2020년 "플랫폼 종사자 보호 대책"을 발표한 이후, 플랫폼 종사자의 권익 보호를 위한 다양한 정책 논의를 진행해 왔다. 21대 국회에서는 플랫폼 종사자 보호 및 지원을 목적으로 하는 법률안과 함께, 플랫폼 종사자를 고용보험 등 사회 보험 제도의 보호 범주에 포함시키려는 입법안들이 다수 발의되었다. 최근의 정책 방향 역시 플랫폼 종사자의 근로자성을 일률적으로 규정하기보다는, 근로자성 판단은 기존 법원의 판단 구조를 유지하면서, 산재보험 · 고용보험 · 안전 · 계약의 투명성 등 개별 보호 영역에서 보호를 단계적으로 확대하는 방향에 초점이 맞추어져 있다. 이는 플랫폼 노동의 이질성과 산업별 차이를 고려한 점진적 접근으로 이해할 수 있다.

참고문헌

「산업재해보상보험법」. 법률 제19612호호(2023).

일자리위원회(2020). "플랫폼노동과 일자리 TF 논의 결과".

한국고용정보원(2018). "플랫폼경제종사자 규모 추정과 특성 분석".

한국고용정보원(2023). "2023년 플랫폼종사자 규모와 근무실태".

Eurofound(2018a). Employment and working conditions of selected types of platform work. Publications Office of the European Union.

Eurofound(2018b). Platform work: Types and implications for work and employment – Literature review. Publications Office of the European Union.

International Labour Organization(2021). World employment and social outlook 2021: The role of digital labour platforms in transforming the world of work. ILO.

OECD(2019). OECD employment outlook 2019: The future of work. OECD Publishing.

Pesole, A. et al.(2018). Platform workers in Europe: Evidence from the COLLEEM survey. Publications Office of the European Union.

Schmidt, F. A.(2017). *Digital labour markets in the platform economy: Mapping the political challenges of crowd work and gig work*. Friedrich–Ebert–Stiftung.

02
플랫폼의 노동 과정 개입

플랫폼의 노동 과정 개입 방식은 호출형, 관리형, 중개형, 전시형, 미세 작업형으로 구분된다. 플랫폼은 알고리즘을 통해 일감 배분, 가격 설정, 평점 관리, 보상 체계, 게이미피케이션, 제재 등을 결합적으로 운용하며 노동 과정을 조직하고 관리 통제한다. 이러한 방식은 기술적 진보가 오히려 노동 조건의 후퇴를 동반하는 이른바 '혁신의 역설'을 낳는다.

노래하는 AI 보컬?

노동 과정 개입의 본질

플랫폼의 이중적 위치: 시장과 기업 사이

플랫폼 기업은 노동자를 직접 고용하지 않으면서도 노동 과정에 깊숙이 개입한다. 이러한 개입은 전통적인 직접적·인적 통제와 달리, 알고리즘과 데이터에 기반한 간접적·기술적 통제, 즉 알고리즘 통제(algorithmic control)의 형태를 띤다.

장지연 외(2020)에 따르면, 플랫폼은 '생산 과정 전반에 대한 조율 기능을 가진 시장'으로서, 시장과 기업의 하이브리드적 성격을 가지고 있다. 플랫폼은 한편에서 노동 거래를 수행하는 시장처럼 기능하면서, 다른 한편에서 알고리즘을 관리함으로써 명령을 하달하는 기업과 유사한 모습을 보인다. 회사가 노동자를 직접 대면하여 관리하고 통제할 필요성이 줄어들고 그 역할을 플랫폼이 대신하게 되면서, 임금노동자는 회색지대로 밀려나게 된다.

'혁신의 역설': 기술적 진보와 노동의 퇴행

영국의 노동법학자 제레미아스 아담스-프라슬은 플랫폼 노동의 특성을 '혁신의 역설(the innovation paradox)'

로 표현하였다(Adams-Prassl, 2018). 플랫폼 경제를 뒷받침하는 기술은 혁신적일지 몰라도, 플랫폼 노동자가 일하는 방식은 오히려 퇴행적이라는 것이다. 수많은 노무 제공자를 예비군으로 대기시켜 경쟁을 유도하고, 일자리(job)를 일거리(task)로 잘게 쪼개어 배분하며, 노동 관리의 통제와 노동 조건의 결정에서 중개자가 역할을 하는 모델은 19세기 외주 노동이나 항만 노동에서부터 나타났던 방식이다.

플랫폼 노동이 과거의 테일러리즘(Taylorism)과 다른 점은 노동 과정을 분절시킬 뿐 아니라 이렇게 나누어진 과업을 직접적으로 관리하고 통제하지 않고 모두 아웃소싱한다는 점이다. 21세기 새로운 노동 형태인 '디지털 테일러리즘'은 공장이나 사무실을 넘어 다양한 곳에서 알고리즘이 작동하도록 노동 과정을 표준화한다. 중국의 플랫폼 노동 연구자들은 이를 '공장 안의 앱(App in the Factory)'이라는 표현으로 설명하였다(Sun, 2019). 이는 기존 관리자 역할이 모바일 애플리케이션으로 대체되고 있음을 의미한다.

알고리즘 통치성: 효율성과 경제적 합리성

알고리즘 통치성(algorithmic governmentality)은 푸코

의 통치성(governmentality) 개념을 알고리즘 시대에 적용한 것이다(Rouvroy & Berns, 2013). 푸코의 통치성은 그의 권력 분석이 규율 권력(disciplinary power)에서 인구 관리와 통치의 문제로 확장되는 과정에서 등장한 개념이다(Foucault, 2007). 알고리즘 통치성은 알고리즘이 단순한 기술 도구를 넘어 인간의 행동, 선택, 가능성을 구조화하는 권력 메커니즘으로 작동함을 의미한다.

알고리즘 통치성의 특성은 효율성과 경제적 합리성이라는 정치경제학적 원리에 기반을 둔다(Foucault, 2008). 알고리즘은 효율성이라는 명목하에 노동자를 지속적으로 모니터링하고 통제하는 권력 장치로서, 데이터를 통한 노동자의 행동과 심리를 관리한다.

알고리즘 관리(algorithmic management)는 인공지능(AI)과 알고리즘을 활용하여 인력을 원격으로 관리, 제어, 평가하는 경영 방식을 의미한다. 이는 배달 서비스와 같은 플랫폼 노동을 넘어 일반 사무직과 제조 현장까지 광범위하게 확산되어 있다. 알고리즘 관리는 기존에 사람이나 기계가 수행하던 지시, 평가, 규율을 자동화하여 조직적 통제를 실현하는 일련의 과정과 활동을 의미한다(Duggan et al., 2020). 플랫폼의 알고리즘적 통제는 다음과 같은 특성을 갖는다.

첫째, 비가시성이다. 과거의 직접적 업무 지시와 달리 표면적으로 드러나지 않는 방식으로 통제가 이루어진다. 플랫폼은 그간 표면적으로 관찰되었던 지휘 · 통제 방식을 알고리즘 내에 설계하여, 객관적 일감 배분이라는 외양 이면에서 노동자를 통제한다. 둘째, 실시간성이다. 생산 속도, 이동 동선, 휴식 시간 등이 데이터로 수집되고 평가되면서 노동자는 실시간 감시와 통제하에 놓이게 된다. 셋째, 자동화다. 배차, 가격 책정, 평가, 제재가 인간의 개입 없이 알고리즘에 의해 자동으로 수행된다. 넷째, 정보 비대칭이다. 플랫폼은 알고리즘의 작동 원리, 수익 배분 구조, 평가 기준 등 핵심 정보를 독점하며, 노동자는 이러한 정보에 접근하기 어렵다.

플랫폼 노동자의 모순적 지위

플랫폼 노동자는 겉으로 보면 개인 사업자처럼 시장에서 일을 선택하고 거래하는 사람처럼 보인다. 실제로 자신의 차량이나 장비를 사용하고, 일할 시간을 스스로 정할 수 있다는 점에서는 자영업자의 모습도 갖고 있다. 그러나 노동이 이루어지는 과정을 들여다보면 상황은 다르다. 어떤 일을 언제 맡을지, 얼마를 받을지, 성과가 어떻게 평가되는지까지 대부분 플랫폼의 알고리즘이 정하며, 그 기준에 따르지 않을 경우 배차 제한이나 계정 중단과 같은 불이익이 뒤따른다.

이처럼 플랫폼 노동자는 명목상으로는 독립적인 계약자이지만, 실제로는 플랫폼 기업의 관리와 통제 아래에서 일을 수행한다. 법과 제도는 전통적으로 '고용된 노동자'와 '개인 사업자'라는 두 범주로 사람을 구분해 왔지만, 플랫폼 노동자는 이 어느 쪽에도 온전히 들어맞지 않는다. 그 결과 일부 플랫폼 노동자는 겉모습과 달리 사실상 고용된 노동자에 가까운 경우도 있고, 또 다른 일부는 일정한 자율성을 갖되 플랫폼에 경제적으로 의존하는 중간적 지위에 놓이게 된다.

노동 과정 개입의 5가지 유형

플랫폼이 노동 과정에 개입하는 방식은 플랫폼의 성격과 기술적 특성에 따라 다양하게 나타난다. 노동에 대한 통제 측면에서 플랫폼 노동 내부의 이질성은 특히나 크다. 이를 호출형, 관리형, 중개형, 전시형, 미세 작업형의 다섯 가지로 유형화할 수 있다.

호출형

우버(Uber), 카카오T, 배달의민족, 쿠팡이츠와 같이 서비스 수요가 발생하면 플랫폼이 알고리즘을 통해 즉각적으로 특정 노동자에게 업무를 배정(호출)하는 형태다. 호출형(On-demand Type) 플랫폼의 특징은 실시간 매칭과 즉각적 수행에 있다. 고객이 앱에서 배달이나 운송을 요청하면, 알고리즘이 노동자의 위치, 평점, 수락률 등을 고려하여 적합한 노동자에게 업무를 배정한다.

호출형 플랫폼의 배차 방식은 크게 자율 배정(free selection)과 강제 배정(forced dispatch)으로 구분된다. 자율 배정은 노동자가 자율적으로 과업을 선택해 수행하는 방식으로, 이 경우 노동자는 보수 대비 노동 강도가 높은 과업을 선택하고 수행할 유인이 낮다. 강제 배정은 알고리즘이 강제하는 일감만 수행하는 방식으로, 기사는 배차를 수락하지 않을 수 있지만 불이익이 따른다. 강제 배차는 매우 강력한 수준의 노동 과정에 대한 통제다.

장지연 외(2020)에 따르면, 초기 플랫폼 노동은 자율 배정 방식이 주된 형태였으나, 플랫폼은 기피 과업에 대응하기 위해 알고리즘에 따라 노동자에게 노동 강도가 높은 기피 과업을 강제 수행하도록 명령하는 방식으로 진화하였다. 소위 자동 배차를 한다면 플랫폼 노동자 입장에서는 사실상 강제 배차가 된다.

관리형

관리형(Management Type)은 가사 서비스 플랫폼(청소연구소, 대리 주부)이나 돌봄 노동 플랫폼에서 주로 나타나는 유형이다. 플랫폼이 노동자의 신원을 보증하고 교육하며, 표준화된 서비스 매뉴얼을 준수하도록 관리한다. 관리형 플랫폼은 형식적으로는 수요자와 공급자를 중개하는 것처럼 보이지만, 실질적으로는 파견 업체와 유사한 관리 감독을 수행한다. 노동자에게 유니폼 착용을 요구하거나, 서비스 절차를 상세하게 규정하거나, 정기적인 교육을 실시하는 것이 그 예다. 이러한 관리형 플랫폼에서 노동자의 독립 계약자 지위는 더욱 의문시된다.

중개형

중개형(Brokerage Type)은 크몽, 숨고, 업워크(Upwork), 파이버(Fiverr)와 같이 프리랜서 마켓 형태를 띠는 플랫폼이다. 노동자가 자신의 포트폴리오와 가격을 제시하면 수요자가 이를 선택하는 구조로, 상대적으로 노동자의 자율성이 높아 보인다. 그러나 중개형 플랫폼에서도 노동자는 플랫폼의 통제에서 자유롭지 않다. 플랫폼 내의 평판 시스템(평점, 리뷰, 완료율)과 수수료 정책, 검색 알고리즘에 의해 간접적인 통제를 받는다. 평점이 낮거나 응답 속도가 느린 노동자는 검색 결과에서 밀려나 일감을 얻기 어려워진다. IT, 디자인, 번역 등의 프리랜서 플랫폼 노동자들 중 상당수는 오히려 플랫폼이 하는 일 없이 수수료만 받아 간다는 불만을 제기한다.

전시형

전시형(Exhibition Type)은 유튜브, 틱톡, 아프리카TV, 트위치, 인스타그램 등 콘텐츠 창작 플랫폼이 해당한다. 노동자(창작자)는 자신의 콘텐츠를 플랫폼에 '전시'하고, 플랫폼은 알고리즘을 통해 이를 이용자에게 노출시킨다. 전시형 플랫폼에서 창작자의 수익은 조회수, 구독자 수, 시청 시간, 광고 클릭률 등에 의해 결정된다. 따라서 창작자는 플랫폼의 추천 알고리즘에 강하게 종속된다. 알고리즘이 어떤 콘텐츠를 '추천'하고 어떤 콘텐츠를 '묻히게' 할지가 창작자의 소득을 좌우하기 때문이다. 창작자들은 알고리즘의 선호를 분석하고, 이에 맞춰 콘텐츠를 기획 · 제작하게 된다.

미세 작업형

미세 작업형(Micro-tasking Type)은 아마존 메커니컬 터

크(Amazon Mechanical Turk), 크라우드웍스(crowdworks), 에펜(Appen) 등 데이터 라벨링 플랫폼이 대표적이다. 거대한 업무를 아주 작은 단위로 쪼개어 불특정 다수에게 배분하는 형태다. 미세 작업형 플랫폼에서 노동자는 전체 맥락을 알지 못한 채 파편화된 작업을 수행한다. 이미지에 태그를 달거나, 텍스트의 감정을 분류하거나, 음성 데이터를 텍스트로 변환하는 등의 단순 반복 작업이 이에 해당한다. 노동자는 극도로 낮은 단가와 높은 대체 가능성에 노출되며, AI 학습 데이터 구축을 위한 '보이지 않는 노동'을 수행한다.

마이크로 태스크를 수행하는 플랫폼 노동은 노동자의 재량권이 거의 없다. 그 일거리를 잡아서 할 것인지 아닌지 정도를 선택할 수 있을 뿐이다. 일단 그 일거리를 잡았다면 정해진 시간(또는 가장 빠른 시간)에 미리 정해진 매뉴얼에 따라 수행할 뿐이다.

알고리즘을 통한 노동 통제 메커니즘

일감 배분

일감 배분(Task Allocation)에서 플랫폼이 지닌 알고리즘적 요소는 업무를 잘게 쪼개어 다수의 사람에게 배분하는 것을 가능하게 만들어준다. 초기 플랫폼 알고리즘에 의한 고객과 노동자의 연결은 빅데이터와 프로그래밍에 기반한 매우 객관적이고 편향되지 않으며 공정한 절차의 결과로 분류되어 왔다. 그러나 최근 알고리즘이 편향적이고 차별적이며 노동자를 통제하고 있다는 문제의식이 확산되고 있다.

일감 배분 알고리즘의 통제 방식은 다양하다. 우선 배정은 평점이 높거나 수락률이 높은 노동자에게 먼저 일감을 배정하는 방식이다. 자동 배정은 알고리즘이 노동자의 위치, 상태 등을 고려하여 자동으로 업무를 배정하는 방식이다. 일감 제한은 불복종 시 일정 시간 앱상에 보이는 일거리를 제한하는 방식이다. 계정 정지는 심한 경우 일정 기간 앱 접속 불가 또는 계정 영구 정지(사실상 해고)로 이어진다.

가격 결정

가격 결정(Pricing)에서 플랫폼은 서비스 요금과 노동자에게 지급되는 보수를 일방적으로 결정한다. 배달료, 수수료율, 인센티브 구조 등이 모두 플랫폼에 의해 설정되며, 노동자는 이에 대한 협상력이 없다.

특히 다이내믹 프라이싱(dynamic pricing) 또는 서지

프라이싱(surge pricing)은 알고리즘이 실시간 수요와 공급을 분석하여 가격을 자동 조정하는 방식이다. 이론적으로는 수요가 높을 때 노동자의 수입이 증가할 수 있으나, 플랫폼이 가격 결정의 전권을 행사하면서 노동자는 가격 형성 과정에서 배제된다.

평점·평판 관리

평점 · 평판 관리(Rating & Reputation)에서 플랫폼을 통해 고객을 구하고 서비스를 제공하는 플랫폼 노동자는 별점이나 평점에 영향을 받고, 등급이 부여되어 보수 수준에도 영향을 받게 된다. 그래서 더 많은 정보가 유통되지만, 결국 플랫폼의 막강한 지배력 아래 놓이게 되는 것이다. 배달앱은 실버, 퍼플, 골드, 플래티넘, 마스터 등으로 라이더 등급을 나누어 게임 아이템처럼 배지를 달아주고 차등적으로 보상한다.

게이미피케이션을 통한 통제

'게이미피케이션(gamification)'은 원래 게임이 아닌 분야에 게임의 요소와 기법을 적용하여 사용자의 경험(UX)을 유도하는 것을 말한다(Deterding et al., 2011). 점수, 배지, 레벨업 같은 보상 체계, 진행 상황을 보여 주는 실시간 피드백, 시간 제한이나 난이도가 다른 도전 과제, 다른 사람들과의 경쟁을 유발하는 랭킹 시스템 등이 핵심 구성 요소다.

그러나 게이미피케이션이 긱(gig) 노동 플랫폼에 적용되는 순간, 그것은 가장 교묘한 방식으로 노동시간을 늘리고 노동 밀도까지 높이면서도, 그것을 마치 개인의 자유로운 선택인 양 위장해 내는 기술이 된다. 배달 라이더들은 재미가 아닌 생계를 위해, 여가가 아닌 일상 대부분을 노동에 할애하게 된다. 프로모션 달성을 위해 현실 속 위험천만한 질주를 감행해야 한다. 이러한 자기 착취를 조장하는 구조가 형성된다.

제재와 불이익

제재와 불이익(Sanction & Penalty)은 한국노총 중앙연구원(2022)의 조사 결과, 무려 70%에 달하는 플랫폼 노동자가 알고리즘에 의한 불이익을 경험한 것으로 나타났다. 알고리즘이 내리는 명령에 불복종할 경우 일감을 덜 배정받아 물량이 감소하거나, 단가가 낮은 일감을 배정받거나, 일정 시간 앱상에 보이는 일거리 제한을 받거나, 일정 기간 앱에 접속이 불가능해지거나, 심한 경우 계정이 영구 정지(사실상 해고)되는 불이익이 발생한다.

알고리즘 관리와 노동자 영향

노동 강도 강화와 시간 압박

한국노총 중앙연구원(2022)의 조사 결과, 플랫폼의 알고리즘이 정교해질수록 노동자들은 시간 압박과 휴게시간 부족을 호소하고 있었다. 배달 플랫폼의 경우 예상 도착 시간(ETA)을 알고리즘이 산정하고, 이를 초과할 경우 평점 하락이나 배차 불이익으로 이어지기 때문에 노동자들은 교통 법규 위반이나 안전 경시의 위험을 감수하면서까지 시간을 단축하려는 압박을 받는다. 실제로 플랫폼 노동자의 약 70%가 알고리즘에 의한 불이익(배차 감소, 평점 하락, 계정 정지 등)을 경험한 것으로 나타났다.

심리적 영향: 무력감, 고립감, 탈인격화

특히 플랫폼 노동이 장시간 지속되는 경우 다음과 같은 부정적 현상들이 확인된다(100점 만점 기준). 무력감은 61.8점, 기계가 된 것 같은 느낌(탈인격화)은 61.1점, 낮은 성취감은 61.0점, 일의 의미를 찾기 어려움은 60.4점, 고립감은 58.0점으로 나타났다. 이러한 심리적 영향은 플랫폼 노동의 구조적 특성에서 기인한다. 알고리즘에 의해 일방적으로 업무가 배분되고 평가되면서 노동자는 자신의 노동에 대한 통제력을 상실하고, 동료 노동자와의 물리적 접촉 없이 개별화된 노동을 수행하면서 사회적 고립을 경험한다. 켈로그 등(Kellogg et al., 2020)은 이를 '알고리즘적 탈인격화(algorithmic depersonalization)'로 개념화하면서, 인간 관리자 없이 기계에 의해 통제되는 경험이 노동자의 존엄성과 자율성을 침해한다고 분석하였다.

신체적 건강과 안전 위협

심리적 영향 외에도 알고리즘에 의한 통제는 노동자의 신체적 건강과 안전에 부정적인 영향을 미칠 수 있다. 배달 과정에서의 시간 압박은 과속이나 신호 위반 등 위험한 운행을 유발할 가능성을 높이고, 이는 교통사고 위험 증가로 이어질 수 있다. 또한 장시간 노동과 불규칙한 휴식은 근골격계 부담과 만성적인 피로를 누적시키며, 배달 플랫폼 노동자들이 일반 노동자에 비해 신체적 · 정신적 건강 문제를 더 빈번하게 경험하는 구조적 요인으로 작용할 수 있다. 플랫폼은 노동자들의 일감 선택 과정이나 업무 수행 과정을 자세히 관찰하고 평가하는 반면, 노동자는 알고리즘의 작동 원리를 알 수 없는 '블랙박스'

상황에 놓여 있다.

법적·정책적 시사점

플랫폼 노동에서 노동 과정에 대한 플랫폼의 개입 유형과 정도는 근로자성 판단에서 고려 요소가 된다. 대법원은 플랫폼 종사자의 근로자성을 판단함에 있어, 전통적인 직접적 지휘 · 감독 방식뿐 아니라 일의 배분과 수행 방식이 온라인 플랫폼의 알고리즘, 평판 시스템 등 디지털적 노무 관리 구조를 통해 이루어지는 특성을 함께 고려할 필요가 있다고 판시한 바 있다(대법원 2021. 8. 26. 선고 2020두14353 판결).

플랫폼 사업의 구조상 표면적으로는 플랫폼 종사자가 업무 수락 여부나 수행 방식에 일정한 재량권을 가지는 것일 수 있다. 그러나 실제로는 알고리즘에 의한 배정 구조, 평점 · 계정 관리, 불이익 부과 가능성 등을 통해 플랫폼이 업무 기회와 노동 조건에 실질적인 영향을 미치는 경우, 이러한 간접적 · 구조적 개입 역시 근로자성 판단에서 관리 · 감독 요소로 평가될 수 있다.

알고리즘 규제의 필요성

유럽연합에서는 알고리즘의 공정성과 투명성, 정보 비

대칭성 문제가 대두됨에 따라 플랫폼 노동자의 '알 권리', '설명받을 권리'를 보장하고 알고리즘을 규제하고자 하는 활발한 움직임이 관찰된다. 앞으로 자본주의 생산과정 '갱신'의 한 형태인 플랫폼 알고리즘과 관련하여 기업의 책임성과 의무를 강화해야 한다. 관리 · 통제권 남용, 사생활 침해, 데이터 권리, 기본권 및 건강의 위험성 등에 대한 기업의 책임성을 강화하고 의무를 부과하는 규정이 필요하다.

노동 보호의 방향

노동 보호를 강화하기 위해서는 다음과 같은 제도적 · 정책적 방향이 요구된다. 첫째, 알고리즘 투명성의 제도화다. 배차, 가격 결정, 평가, 제재 등 노동 조건에 중대한 영향을 미치는 알고리즘의 기본 작동 원리와 기준에 대해 정보 공개를 의무화할 필요가 있다. 둘째, 노동자 참여권의 보장이다. 알고리즘의 설계 · 도입 · 변경 과정에서 노동자 대표가 의견을 제시하고 협의에 참여할 수 있는 절차적 권리를 제도적으로 마련해야 한다. 셋째, 이의 제기 및 구제 절차의 확보다. 알고리즘에 따른 배차 제한, 평점 하락, 계정 정지 등 불이익 조치에 대해 설명을 요구하고, 인간 관리자의 재검토를 받을 수 있는 권리를 보장해야 한다. 넷째, 노동 데이터에 대한 권리 보호다. 노동자가 자신의 개인정보 및 업무 관련 데이터에 접근 · 정정 · 삭제를 요구할 수 있도록 데이터 주체로서의 권리를 명확히 할 필요가 있다. 다섯째, 휴식권과 건강 보호의 강화다. 알고리즘을 통한 과도한 노동 강도 증폭을 제한하고, 근무 외 시간에 플랫폼 연결을 강제하지 않는 이른바 '연결되지 않을 권리'를 제도적으로 보장해야 한다.

참고문헌

대법원 2024. 7. 25. 선고 2024두32973 판결

장지연(2020) 「플랫폼노동자의 규모와 특징(한국노동연구원 KLI 고용·노동브리프 제104호)

한국노총 중앙연구원(2022). "플랫폼노동의 알고리즘 현황과 대응방안: 알고리즘의 공정성과 투명성, 노동자 통제를 중심으로.

Adams-Prassl, J.(2018). *Humans as a service: The promise and perils of work in the gig economy*. Oxford University Press.

Deterding, S. et al.(2011). From game design elements to gamefulness: Defining gamification. *Proceedings of the 15th International Academic MindTrek Conference: Envisioning Future Media Environments*, pp.9~15. ACM.

Duggan, J. et al.(2020). Algorithmic management and app-work in the gig economy: A research agenda for employment relations and HRM. *Human Resource Management Journal,*

30(1), pp.114∼132.

Foucault, M.(2007). *Security, territory, population: Lectures at the Collège de France, 1977–1978.* In G. Burchell(trans.) & M. Senellart(ed.). Palgrave Macmillan.

Foucault, M.(2008). *The birth of biopolitics: Lectures at the Collège de France, 1978–1979.* In Burchell, G.(trans.) & Senellart, M.(ed.). Palgrave Macmillan.

Kellogg, K. C. et al.(2020). Algorithms at work: The new contested terrain of control. *Academy of Management Annals, 14*(1), pp.366∼410.

Rouvroy, A. & Berns, T.(2013). Algorithmic governmentality and prospects of emancipation: Disparateness as a precondition for individuation through relationships?. In L. Carey-Libbrecht(trans.). *Réseaux, 177*, pp.163∼196.

Sun, P.(2019). Your order, their labor: An exploration of algorithms and laboring on food delivery platforms in China. *Chinese Journal of Communication, 12*(3), pp.308∼323.

03
플랫폼 노동자의 근로자성

플랫폼 노동자의 근로자성은 노무 제공 관계의 실질과 사용 종속 관계를 기준으로 판단되어 왔다. 플랫폼 환경에서는 업무 배정, 평가, 이용 제한 등이 알고리즘과 시스템을 통해 이루어지면서, 이러한 간접적 · 구조적 노무 관리 방식이 노동 과정에 실질적인 영향을 미치는 경우가 나타난다. 대법원은 플랫폼의 사업 구조와 노무 관리 방식이 노무 제공자에게 어떠한 통제와 영향력을 행사하는지를 함께 고려하여 근로자성 여부를 판단하였으며, 이는 AI 시대 플랫폼 노동에 대한 종속성 판단 기준의 적용 범위를 제시한 것으로 평가된다.

인공지능과 편향?

근로자성 판단의 의의

플랫폼 노동자의 법적 지위를 결정하는 핵심 쟁점은 「근로기준법」상 '근로자성'이 인정되는지 여부다. 현행 「근로기준법」은 근로자를 "직업의 종류와 관계없이 임금을 목적으로 사업 또는 사업장에 근로를 제공하는 자"로 정의하고 있으며, 근로기준법의 적용 여부는 계약의 명칭이나 형식이 아니라 노무 제공 관계의 실질, 즉 사용자에 대한 종속성의 존재를 기준으로 판단된다(「근로기준법」 제2조제1항제1호). 플랫폼 노동자가 근로기준법상 근로자로 인정될 경우, 정당한 이유 없는 해고의 제한, 연차유급휴가, 연장 · 야간 · 휴일근로에 대한 가산 수당, 산업재해보상보험 적용 등 노동관계법령에 따른 보호가 적용된다. 반면, 플랫폼 노동자가 자영업자 또는 독립계약자로 분류되어 근로자성이 부정되는 경우에는 이러한 보호는 원칙적으로 적용되지 않는다. 이로 인해 플랫폼 노동 영역에서는 근로자성 판단이 곧 법적 보호의 범위를 좌우하는 결정적 기준으로 기능한다(「근로기준법」, 법률 제20520호, 일부개정 2024.10.22., 제1조, 제2조제1항제1호).

대법원의 근로자성 판단 기준

대법원 2006. 12. 7. 선고 2004다29736 판결의 의의

대법원은 2004다29736 판결에서 근로기준법상 근로자 여부는 계약의 형식이나 명칭에 구애받지 않고, 노무 제공 관계의 실질을 기준으로 판단하여야 한다는 원칙을 확립하였다. 이 판결은 근로자성 판단의 기준으로 노무제공자가 사용자에게 종속된 관계에 있는지, 즉 사용 종속 관계의 존재 여부를 제시하였다.

대법원은 사업주가 경제적 · 사회적으로 우월한 지위에서 계약 형식을 일방적으로 결정할 수 있는 현실을 고려하여, 형식적 외관에 구속되지 않고 근로 관계의 실질을 중심으로 판단해야 한다는 기준을 정립하였다. 이 판결은 이후 근로자성 판단에 관한 대법원 판례의 기본적 출발점으로 기능하고 있다.

종속성 판단의 세 가지 요소

대법원은 근로자성 판단에서 단일한 기준에 의존하지 않고, 노무 제공 관계의 실질을 중심으로 여러 요소를 종합적으로 고려하여 사용 종속 관계의 존부를 판단하고 있다.

(1) 사용 종속 관계(지휘 · 감독에 따른 인적 종속성)

사용 종속 관계는 근로자성 판단에서 가장 중요한 요소 중 하나로, 사용자가 노무 제공자의 업무 내용을 정하고 업무 수행 과정에서 상당한 지휘 · 감독을 하는지 여부를 의미한다. 이와 관련하여 근무 시간과 장소의 지정 여부, 업무 수행 방법에 대한 구체적 또는 포괄적 지시의 존재, 취업규칙 · 복무 규정의 적용 여부 등이 주요 판단 요소로 고려된다. 이러한 요소들은 노무 제공자가 사용자의 조직 질서 안에서 업무를 수행하고 있는지를 판단하기 위한 기준으로 활용된다.

(2) 계속성 · 전속성(노무 제공의 귀속 정도)

계속성 · 전속성은 노무 제공자가 특정 사용자에게 일정 기간 계속적으로 노무를 제공하고 있는지, 또는 다른 사업자를 위하여 자유롭게 노무를 제공할 수 있는지를 살펴보는 요소다. 이는 노무 제공 관계가 일시적 · 우연적인 관계인지, 아니면 특정 사용자에게 실질적으로 귀속된 관계인지를 판단하기 위한 기준으로, 종속성 판단을 보완하는 참고 요소로 기능한다.

(3) 경제적 종속성(독립사업자성 여부)

경제적 종속성은 노무 제공자가 자기 계산과 책임하에 독립된 사업을 영위하고 있는지, 아니면 노무 제공 자체의 대가로서 임금적 성격의 보수를 지급받고 있는지를 중심으로 판단된다. 이를 위해 보수 지급 방식, 고정급 또는 이에 준하는 안정적 수입의 존재 여부, 업무 수행에 필요한 장비·도구의 소유 관계, 제3자 고용 가능성 등이 고려된다. 이러한 요소들은 노무 제공자가 실질적으로 독립된 사업자인지 아니면 사용자에게 경제적으로 종속된 상태에서 노무를 제공하고 있는지를 판단하는 데 활용된다.

다만 대법원은 근로소득세 원천징수 여부나 사회보장제도의 적용 여부와 같은 형식적 요소는 사용자가 일방적으로 결정할 수 있는 사항이므로, 근로자성 판단에 있어 결정적인 기준으로 삼을 수 없다는 입장을 일관되게 유지하고 있다.

2024년 타다 드라이버 판결(2024두32973)의 의의

대법원 2024. 7. 25. 선고 2024두32973 판결은 플랫폼을 매개로 노무가 제공되는 사안에서 근로자성 판단 법리를 구체적 사실 관계에 적용하는 방식을 보여 준 판결로서 의미를 가진다. 대법원은 이 판결에서 종전의 근로자성 판단 기준을 유지하면서도, 플랫폼 중심 사업 구조와 그에 따른 노무 제공 방식의 특성을 종합적으로 고려하여 근로자성 여부를 판단하였다.

사안에서 쏘카는 자회사 VCNC가 운영하는 '타다' 플랫폼을 통해 차량 대여와 운전기사 알선이 결합된 서비스를 제공하였다. 드라이버들은 협력 업체와 프리랜서 계약을 체결하는 형식을 취하였고, 쏘카와 직접적인 근로계약 관계는 존재하지 않았다. 이후 협력 업체가 드라이버에 대한 인원 감축을 통보하자, 해당 드라이버는 이를 부당해고에 해당한다고 주장하며 구제신청을 제기하였다.

대법원은 형식적인 계약 관계에 구애받지 않고 노무 제공 관계의 실질을 중심으로 판단하였다. 그 결과 드라이버의 업무 내용과 수행 기준, 보수 수준과 지급 방식 등이 플랫폼 운영 구조에 의해 실질적으로 정해지고 있었으며, 협력 업체는 독립적인 사업 주체로서 실질적인 인사 · 노무 결정 권한을 행사하지 못하고 있었다는 점을 중시하였다. 또한 플랫폼 운영 주체가 설정한 기준과 시스템을 통해 근무 방식과 행동 규칙이 간접적으로 관리 · 통제되고 있었고, 보수가 성과 중심의 사업 소득이라기보다는 근무 시간에 연동된 임금적 성격을 띠고 있다는 사정 등을 종합하여, 드라이버를 근로기준법상 근로자로 볼 수 있다고 판단하였다.

이 판결은 근로자성 판단에서 전통적인 직접 지휘·감독의 존재 여부에만 한정하지 않고, 플랫폼 사업 구조 전반을 통해 이루어지는 간접적·구조적 노무 관리 방식 역시 종속성 판단의 대상이 될 수 있음을 제시한 점에서 의의를 갖는다. 특히 플랫폼을 통한 업무 배정, 기준 설정, 평가 및 불이익 부과 구조가 실질적으로 노무 제공자를 통제하는 경우, 이러한 구조적 통제 역시 근로자성 판단에서 고려될 수 있음을 확인하였다는 점에서, 향후 플랫폼 노동 관련 분쟁에서 판단 기준으로 기능할 가능성이 있다.

플랫폼 노동의 전통적 판단 기준 한계

플랫폼 노동의 구조적 특성

플랫폼 노동은 전통적인 고용 관계와 구별되는 구조적 특성을 지닌다. 첫째, 노무 제공의 기회가 온라인 플랫폼을 통해 중개·배분된다. 둘째, 노무 제공자는 개별 업무에 대해 수락 또는 거절의 선택권을 갖는 형태로 설계되는 경우가 많다. 셋째, 근무 시간과 장소가 사전에 고정되지 않거나, 일정한 범위 내에서 유동적으로 운영

된다. 넷째, 보수는 건별 또는 성과에 연동된 방식으로 지급되는 구조가 일반적이다. 다섯째, 차량 · 오토바이 · 통신기기 등 업무 수행에 필요한 도구를 노무 제공자가 직접 부담하는 경우도 적지 않다.

전통적 판단 기준의 한계

우선 간접적 · 비가시적 지휘 · 감독의 문제를 살펴보자. 전통적인 근로자성 판단 기준은 사용자 또는 관리자에 의한 가시적이고 직접적인 지휘 · 감독을 전제로 발전해 왔다. 그러나 플랫폼 노동에서는 업무 배정, 경로 설정, 성과 평가, 보수 산정, 계정 제한 등 주요 관리 기능이 플랫폼 운영 정책을 통해 이루어지는 경우가 많다. 이러한 알고리즘 기반 관리 방식은 외관상 노무 제공자의 자율성을 전제로 설계되지만, 실제로는 업무 수행 과정 전반에 실질적인 영향력을 행사할 수 있어, 전통적 지휘 · 감독 개념만으로는 종속성의 실체를 충분히 포착하기 어렵다는 문제가 제기된다.

다음으로 다자간 사업 구조에서 사용자 특정의 어려움을 살펴보자. 플랫폼 노동에서는 플랫폼 기업, 서비스 운영사, 협력 업체, 노무 제공자 등 복수의 주체가 관여하는 사업 구조가 형성되는 경우가 많다. 이와 같은 다자

간 구조에서는 계약 형식상 사용자와 실질적인 노무 관리 · 결정 주체가 일치하지 않는 경우가 발생하여, 근로기준법상 '사용자'를 특정하는 데 어려움이 따른다. 타다 사건과 같이 플랫폼 기업, 운영사, 협력 업체가 단계적으로 관여하는 구조에서는 누가 임금과 업무 조건, 관리 · 제재 규칙을 실질적으로 결정 · 통제하였는지가 핵심 쟁점으로 부각된다.

AI 기반 통제에 대한 재해석 필요성

알고리즘 통제의 지휘·감독 해당성

대법원이 2024두32973 판결에서 온라인 플랫폼 종사자의 근로자성 판단 시 플랫폼의 구조적 특성을 고려해야 한다고 판시한 것은, 알고리즘을 통한 관리 · 통제가 전통적인 지휘 · 감독과 기능적으로 유사할 수 있음을 전제로 한 것으로 이해할 수 있다. 알고리즘이 업무 배정, 수행 조건, 시간 관리, 고객 응대 기준 등을 설정하고, 그 위반에 대해 불이익을 부과하는 방식으로 작동한다면, 이는 사용자에 의한 간접적 · 구조적 지휘 · 감독으로 평가될 여지가 있다. 이에 따라 알고리즘에 의한 통제를 근로자성 판단에서 '상당한 지휘 · 감독'의 한 유형으로 어떻게 포섭할 것인지에 대한 법리적 검토가 요구된다.

플랫폼 노동자 근로자성 판단에서 고려할 주요 요소

플랫폼 노동의 특수성을 고려한 근로자성 판단에서는 기존 종속성 판단 요소를 플랫폼 환경에 맞게 구체화하여 검토할 필요가 있다. 예컨대 다음과 같은 사항은 종속성 판단에서 의미 있는 고려 요소가 될 수 있다. 첫째, 플랫폼이 배정한 업무를 거절할 경우 배차 축소, 평점 하락 등 실질적인 불이익이 발생하는지 여부다. 둘째, 업무 수행 방법(경로, 시간, 고객 응대 방식 등)에 대해 플랫폼이 기준을 설정하고 이를 준수하도록 요구하는지 여부다. 셋째, 휴게 또는 로그오프가 실제로 자유롭게 가능한지, 또는 플랫폼의 운영 구조로 인해 사실상 제한되는지 여부다. 넷째, GPS 등 디지털 기술을 통한 실시간 위치 추적이나 성과 평가가 이루어지는지 여부다. 다섯째, 요금 · 수수료 · 정산 기준이 플랫폼에 의해 일방적으로 정해지는 구조인지 여부다. 여섯째, 계정 정지 · 해지 등 노무 제공을 배제하는 조치가 플랫폼에 의해 일방적으로 이루어질 수 있는지 여부다.

AI 알고리즘 통제에 대한 시사점

기업·플랫폼의 법적 준수 및 위험 관리 방안

AI · 알고리즘을 활용하여 노무 제공 과정을 관리 · 운영하는 플랫폼 기업은 이러한 기술적 통제 방식이 근로자성 판단에서 지휘 · 감독으로 평가될 수 있음을 전제로 법적 준수 체계를 정비할 필요가 있다. 플랫폼의 핵심 운영 기능인 업무 배정, 평가, 보수 산정, 계정 제재 등은 알고리즘에 의해 통제된다. 이러한 알고리즘의 설계와 운용 방식은 노동관계법상 지휘 · 감독의 실질을 보여 주는 핵심적 근거로 작용한다.

이에 따라 플랫폼 기업은 알고리즘이 노무 제공자의 업무 수행에 미치는 영향과 통제 범위를 점검하고, 근로조건에 실질적인 영향을 미치는 기준과 절차에 대해 투명성을 확보할 필요가 있다. 또한 다자간 계약의 경우 임금 수준, 업무 기준, 제재 규칙 등 핵심 사항을 누가 실질적으로 결정 · 관리하는지를 명확히 하여, 법적 책임의 귀속 구조를 사전에 정리해야 한다.

참고문헌

고용노동부(2022). "2022년 플랫폼종사자 규모와 근무실태" 결과

발표.
「근로기준법」. 법률 제20520호(2024.10.22).
대법원 2006. 12. 7. 선고 2004다29736 판결.
대법원 2024. 7. 25. 선고 2024두32973 판결.
Adams-Prassl, J. & Risak, M.(2016). Uber, TaskRabbit, & co.: Platforms as employers? Rethinking the legal analysis of crowdwork. *Comparative Labor Law & Policy Journal, 37*(3), pp.619~651.
De Stefano, V.(2016). The rise of the 'just-in-time workforce': On-demand work, crowdwork, and labor protection in the 'Gig-economy'. *Comparative Labor Law & Policy Journal, 37*(3), pp.471~504.

04
알고리즘 관리와 종속성

알고리즘 관리는 디지털 플랫폼 환경에서 노동이 조직되고 조정되는 방식을 설명하는 개념이다. 플랫폼은 알고리즘을 통해 업무 배정, 가격 산정, 성과 측정, 이용 제한 등을 자동화하며, 이러한 운영 방식은 노동자의 업무 선택과 소득 구조에 지속적인 영향을 미친다.

청각장애인과 AI?

알고리즘 관리의 개념

Kellogg et al.(2020)은 알고리즘 관리를 세 가지 기능으로 체계화하였다. 지시(direction) 기능은 업무 배정과 스케줄링, 평가(evaluation) 기능은 성과 측정과 평점 산정, 규율(discipline) 기능은 경고, 배차 제한, 계정 정지 등의 제재를 포함한다. 전통적 고용 관계에서 관리자가 수행하던 기능들이 플랫폼에서는 알고리즘에 의해 자동화·표준화되어 수행된다.

알고리즘 관리는 전통적 관리 방식과 비교하여 네 가지 차별적 특성을 갖는다. 첫째, 실시간성으로서 노동자의 위치와 작업 상태가 실시간으로 수집·분석된다. 둘째, 연속성으로서 앱이 활성화된 동안 지속적으로 작동한다. 셋째, 확장성으로서 다수의 노동자를 동시에 관리할 수 있다. 넷째, 불투명성으로서 알고리즘의 작동 원리가 영업 비밀로 분류되어 노동자는 자신이 어떻게 평가되고 통제되는지 알기 어렵다.

알고리즘 통제의 구체적 방식

업무 배정

플랫폼의 알고리즘은 주문을 특정 노동자에게 업무 배

정(Task Allocation) 하는 핵심적 역할을 수행한다. 배달의민족, 쿠팡이츠 등 배달 플랫폼의 AI 배차 시스템은 노동자의 현재 위치, 이동 속도, 과거 업무 수행 이력, 고객 평점 등 다양한 데이터를 종합적으로 분석하여 배차 대상을 결정한다. 노동자는 형식적으로는 개별 업무에 대해 수락 또는 거부를 선택할 수 있도록 설계되어 있으나, 배차를 반복적으로 거부할 경우 수락률 저하로 이어져 이후 업무 배정에서 불이익을 받는 구조에 놓인다. 이러한 구조에서는 수락률과 평점 등 성과 지표가 일정 수준 이하로 하락할 경우, 배차 우선순위가 낮아지거나 사실상 업무 배정이 중단되는 결과가 발생할 수 있다. 그 결과 플랫폼 노동자는 외관상 선택권을 보유하고 있음에도 불구하고, 배차 알고리즘이 설정한 기준에 순응할 수밖에 없는 조건부 자율성 하에서 노동을 수행하게 된다.

알고리즘 배차의 핵심적 특징은 '조건부 자율성(conditional autonomy)'이다. 노동자는 표면적으로 업무 수락 여부를 선택할 수 있으나 거부에 따른 불이익이 축적되어 실질적으로는 선택의 여지가 제한된다. 영국 대법원의 Uber 판결(2021)에서도 운전기사의 배차 요청 수락 또는 거부 재량이 실질적으로 제한된다는 점이 근로자성 인정의 주요 근거가 되었다(UK Supreme Court, 2021).

가격 결정

플랫폼은 서비스 요금과 노동자에게 지급되는 보수를 일방적으로 가격 결정(Pricing)한다. 배달료, 수수료율, 인센티브 구조 등이 모두 플랫폼에 의해 설정되며, 노동자는 이에 대한 협상력이 없다. 서울중앙지방법원 2022가합534381 판결에서 확인된 바와 같이, 플랫폼이 기본 · 할증 배달료 산정 방식을 일방적으로 결정하고, 레벨업 제도(점수에 따른 수수료 할인율 차등 적용)를 운용하는 것이 확인되었다.

프랑스 파기원의 Uber 판결(2020)에서도 운전기사가 요금을 스스로 결정할 수 없다는 점이 자영업자성을 부정하는 핵심 근거가 되었다(Cour de Cassation, 2020).

실시간 감시, 성과 평가 및 제재

플랫폼은 GPS를 통해 노동자의 실시간 위치를 추적하고, 이동 경로, 속도, 배달 소요시간 등을 모니터링한다. 이러한 데이터는 성과 평가에 활용되며, 노동자의 모든 행동이 기록 · 분석된다. 스페인 대법원의 글로보(Glovo) 판결에서도 플랫폼이 라이더의 위치 정보를 파악하여 업무 수행을 평가한 점이 근로자성 인정의 근거가 되었다(Tribunal Supremo, 2020).

플랫폼을 통한 실시간 감시는 전통적 작업장의 감독을 뛰어넘는 전방위적 감시의 성격을 띤다. 이는 '알고리즘적 파놉티콘(algorithmic panopticon)'으로 개념화되면서, 노동자가 언제 어디서든 감시당하고 있다는 인식 자체가 자기 규율을 유도한다(Rosenblat & Stark, 2016).

알고리즘은 배달 완료율, 평균 배달 시간, 고객 평점, 수락률 등 다양한 지표를 통해 노동자를 평가한다. 쿠팡이츠의 경우 고객의 '따봉/역따봉' 평가, 수락률, 배달 완료율을 기반으로 노동자를 3등급(초록-노랑-빨강)으로 분류한다. 이러한 성과 평가는 향후 업무 배정, 인센티브 지급, 계정 상태에 영향을 미친다.

알고리즘 평가의 문제점은 평가 기준의 불투명성과 이의제기 절차의 부재에 있다. 노동자는 고객의 평점이 어떤 기준으로 산정되는지, 어떤 요소가 평가에 반영되는지 정확히 알 수 없다. 또한 고객의 악의적 평가나 오류에 대해 시정을 요구할 수 있는 절차가 마련되어 있지 않다. 이는 평판의 덫(reputation trap)으로 개념화되면서, 플랫폼 노동자들이 평점을 유지하기 위해 부당한 요구도 수용할 수밖에 없는 취약한 지위에 놓인다(Wood et al., 2019).

플랫폼은 알고리즘을 통해 다양한 제재를 가한다. 배

차 요청 수락 후 임의 취소 시 페널티가 발생하고, 저조한 성과 지표는 배차 우선순위 하락으로 이어진다. 심한 경우 계정이 일시 정지되거나 영구 비활성화된다. 요기요의 경우 카스트 제도로 불리는 AI 노무 관리 시스템을 운용하여, 평가에 따라 라이더를 등급화하고 원하는 근무 스케줄 확보를 제한하고 있다.

플랫폼 알고리즘은 수락률, 평점 등 다양한 성과 지표를 바탕으로 배차 할당 여부를 판단하며, 성과 지표가 낮을 경우 배차 제한 · 지연 등의 제재가 발생하는 구조로 작동한다. 이 과정에서 알고리즘의 판단 기준과 작동 원리가 공개되지 않아 투명성이 부족하다는 문제의식이 보고서 전반에서 지적된다. 이러한 알고리즘 기반의 제재는 인간 관리자의 직접 개입 없이 자동화된 프로세스로 부과되며, 플랫폼 노동자는 알고리즘이 설정한 성과 요건을 충족하기 위한 조건 속에서 노동 조건과 업무 수행 방식이 통제되는 구조적 특성에 놓이게 된다(장진희 외, 2022).

평점 체제와 계정 비활성화: 디지털 해고

평점 시스템의 통제 기능

평점 시스템은 플랫폼 노동에서 전통적 근로관계의 인사

고과와 유사한 기능을 수행한다. 그러나 평점 시스템은 고객과 알고리즘에 의해 일방적으로 결정되며, 노동자가 이의를 제기하거나 시정을 요구할 절차가 부재하다. 낮은 평점은 자동으로 업무 배정 감소, 인센티브 박탈, 나아가 계정 정지로 이어지는 연쇄적 불이익을 초래한다.

평점 시스템의 핵심적 문제는 고객에 의한 관리가 실현된다는 점이다. 플랫폼은 평가 권한을 고객에게 위임함으로써 직접적인 감독 책임을 회피하면서도, 평점을 기반으로 한 알고리즘을 통해 실질적인 통제력을 행사한다. 이는 평판 경제(reputation economy)의 핵심 기제로 간주되며 그 평점은 노동자의 시장 접근성을 결정하는 '디지털 신용등급'으로 기능한다(Gandini, 2019).

계정 비활성화의 해고적 성격

플랫폼 계정의 비활성화는 전통적 고용 관계에서의 해고와 실질적으로 동일한 효과를 가진다. 첫째, 소득 상실로서, 계정 비활성화 즉시 플랫폼을 통한 수입이 전면 차단된다. 둘째, 일방성으로서, 플랫폼이 알고리즘 판단이나 고객 신고 등을 근거로 일방적으로 결정한다. 셋째, 불명확성으로서, 비활성화 사유가 명확히 고지되지 않는 경우가 많다. 넷째, 구제 곤란으로서, 이의제기 절차가 형식적이거나 부재하다. 다섯째, 재취업 제한으로서, 동일 플랫폼 재가입이 제한되거나 불가능하다.

EU 플랫폼 노동 지침[Directive (EU) 2024/2831]은 플랫폼 노동에서 알고리즘에 의한 계정 비활성화·접근 제한 등이 노동자에게 중대한 영향을 미칠 수 있다는 점을 인식하고, 이에 대해 절차적 보호 장치를 도입하였다. 지침에 따르면 플랫폼은 계정 비활성화 등 중대한 조치를 취하기 전에 사전 통지와 그 사유를 제공해야 하며, 플랫폼 노동자는 자동화된 결정에 대해 인간에 의한 검토(human review)를 요청할 권리를 가진다.

노동법적 보호의 공백

플랫폼 노동자가 근로기준법상 근로자로 인정되지 않을 경우, 계정 비활성화에 대해 부당해고 구제를 신청할 수 없다. 타다 드라이버 사건에서는 노동위원회 절차를 거쳐 다툼이 제기되었고, 이후 사법부에서 해당 드라이버의 근로자성이 인정되면서 해고 구제가 가능해졌다. 이는 근로자성 인정 여부가 플랫폼 종사자에 대한 해고 보호의 전제 조건으로 기능하고 있음을 보여 준다.

그러나 다수의 플랫폼 종사자는 근로자로 인정되지 않는 경우가 많아, 계정 비활성화라는 이른바 '디지털 해고'

에 대해 법적 구제 수단이 제한적인 상황에 놓여 있다. 이러한 보호의 공백을 보완하기 위해 일부 국가에서는 입법적 대응이 이루어지고 있다. 프랑스는 2019년 이동법(Loi d'Orientation des Mobilités)을 통해 플랫폼이 계정 비활성화 등 중대한 조치를 취할 경우 그 사유를 통지하고 이의제기 절차를 마련하도록 하는 등 절차적 보호를 규정하였다. 또한 미국 캘리포니아주의 Proposition 22(2020)는 플랫폼 노동자를 독립계약자로 분류하는 대신, 계정 비활성화와 관련한 내부 이의제기 및 분쟁 해결 절차를 도입하였다.

알고리즘 통제와 종속성의 관계

세련된 형태의 노동 통제

라이더유니온 박정훈 위원장은 AI 배차 시스템을 '매니저 대신 알고리즘이 하는 세련된 형태의 노동 통제'라고 표현하였다(박정훈, 2021). 플랫폼 기업들은 직접적인 지휘·감독 대신 알고리즘을 통한 간접적 통제를 채택함으로써, 외관상 노동자의 자율성을 인정하면서도 실질적으로는 동일하거나 더 강력한 통제를 행사하고 있다. 이는 '근로자성' 인정을 회피하면서 노동력을 활용하기 위한 전략적 선택으로 볼 수 있다. 이를 우리는 앞에서 '통제의 역설'로 이해하였다.

알고리즘에 의한 노동 조건의 규범화

단순히 정보 중개 기능에 그치는 플랫폼과 달리, 일감의 배정 방식과 가격 또는 보수 구조에 실질적으로 관여하는 플랫폼 환경에서는 알고리즘이 노동조건을 구조적으로 형성하는 기준으로 작동한다. 전통적인 제조업에서 생산 계획, 작업 지시서, 품질 기준 등이 근로조건을 구체화하고 표준화해 온 것과 유사하게, 플랫폼의 배차 알고리즘, 성과 평가 기준, 제재 정책 역시 노동자의 업무 방식과 소득 구조에 지속적인 영향을 미치는 규칙 체계로 기능한다. 이러한 알고리즘은 개별적 · 직접적 지시의 형태를 취하지 않더라도, 사전에 설계된 규칙에 따라 노동 과정을 조직 · 조정함으로써 노동조건을 사실상 규율하는 역할을 수행한다.

다만 이러한 알고리즘 기반 규칙 체계는 그 내용과 작동 방식이 노동자에게 충분히 공개되지 않는 경우가 많고, 변경 과정에서도 사전 통지나 협의 절차가 수반되지 않는다는 특징을 가진다.

근로기준법 제94조는 취업규칙을 근로자에게 불리하

게 변경하는 경우 근로자 과반수의 동의를 요구하고 있다. 그러나 플랫폼 종사자가 근로기준법상 근로자로 인정되지 않거나 알고리즘 운영 규칙이 법적으로 취업규칙에 해당하지 않을 때는 이러한 절차적 보호가 원칙적으로 적용되기 어렵다. 알고리즘이 업무 배정, 보수 산정, 평가 및 제재 등을 통해 노동조건을 실질적으로 규율함에도 불구하고, 그 형성과 변경 과정에서는 근로기준법상 절차적 통제 장치가 충분히 작동하지 않는 보호의 공백이 발생할 수 있다.

이와 같은 문제의식은 해외 입법에서도 확인된다. 스페인 라이더법(Real Decreto-ley 2021)은 플랫폼 기업이 알고리즘이 노동조건 및 고용 유지에 미치는 영향에 관한 정보를 근로자 대표 기구에 제공하도록 의무화함으로써, 알고리즘 운영을 집단적 논의의 대상으로 편입하고자 하였다. 이는 알고리즘이 단순한 기술적 도구를 넘어 노동조건을 규범적으로 형성하는 요소로 기능하고 있음을 제도적으로 인식한 사례로 평가할 수 있다.

알고리즘 통제성의 법적 의미

대법원은 타다 운전기사 사건에서 근로자성 판단과 관련하여 "일의 배분과 수행 방식의 결정에 온라인 플랫폼의 알고리즘이나 복수의 사업 참여자가 관여하는 노무 관리의 특성"을 고려하여 근로자성 판단 요소를 적용하여야 한다고 설시하였다(대법원 2024. 7. 25. 선고 2024두32973 판결). 해당 판시는 알고리즘에 의한 간접적 · 구조적 통제가 기능적으로 전통적인 지휘 · 감독과 유사한 역할 수행을 전제로 한다.

이러한 인식은 비교법적 판례의 흐름과도 맥을 같이 한다. 프랑스 파기원의 Take Eat Easy 판결(2018)과 Uber 판결(2020), 영국 대법원의 Uber 판결(2021), 스페인 대법원의 Glovo 판결(2020) 등은 모두 플랫폼이 알고리즘을 통해 업무 배분, 보수 또는 가격 결정, 성과 감시, 제재를 수행하고 있다는 점에 주목하였다. 이들 판례는 알고리즘을 통한 관리 방식이 단순한 기술적 지원에 그치지 않고, 노무 제공자의 업무 수행에 실질적인 영향력을 행사하는 경우 사용자에 의한 지휘 · 감독으로 평가될 수 있음을 공통적으로 인정하고 있다.

알고리즘 통제의 문제점과 개선 방향

정보 비대칭과 불투명성

플랫폼 환경에서 알고리즘의 작동 원리는 대체로 영업

비밀로 분류되어 노무 제공자에게 충분히 공개되지 않는다. 이에 따라 업무 배정 기준, 평가 산정 방식, 보수 결정 구조, 제재 발동 조건 등이 불투명하게 운영되는 경우가 많으며, 노동자는 자신의 업무 수행 결과가 어떠한 기준에 따라 평가·반영되는지를 정확히 파악하기 어렵다. 이로 인해 알고리즘의 판단 결과에 대해 사후적으로 이의를 제기하거나 조건 변경을 요구하는 데 구조적 제약이 발생한다.

플랫폼 알고리즘은 계약서 교부의 미흡, 정산 내역의 즉시 확인 제한, 애플리케이션을 통한 정보 접근 통제 등의 방식으로 노동자와 플랫폼 간의 정보 비대칭성을 확대시킬 수 있다는 비판이 제기되고 있다. 이러한 정보 비대칭성은 알고리즘의 운영 기준과 판단 구조가 충분히 공개되지 않는 특성과 결합되어, 노동자가 자신의 노동조건이나 보수 산정 방식에 대해 충분한 설명을 요구하거나 결과에 대해 이의를 제기하기 어렵게 만드는 구조적 요인으로 작용한다. 그 결과 플랫폼 노동자는 알고리즘에 의해 형성된 규칙과 평가에 지속적으로 노출되면서도, 그 결정 과정에 실질적으로 참여하거나 통제하기 어려운 위치에 놓이게 된다.

이러한 현상은 '블랙박스 사회(black box society)'로 개념화되며, 알고리즘의 불투명성이 의사 결정 권한을 플랫폼에 집중시키고 이해관계자 간의 권력 불균형을 확대할 수 있다(Pasquale, 2015). 플랫폼 노동자는 알고리즘의 판단에 지속적으로 영향을 받으면서도 그 기준을 알기 어려워, 실질적인 협상이나 대응이 제한되는 구조에 놓이게 된다.

해외의 알고리즘 투명성 규제

해외의 경우 플랫폼 노동에서 알고리즘 통제가 노동 조건에 미치는 영향을 인식하고, 이에 대응하기 위한 투명성 및 절차적 통제 규제를 단계적으로 도입하는 경우가 점점 늘어나고 있다. 스페인의 이른바 라이더법(Ley Rider, 2021)은 플랫폼 기업이 노동조합에 대하여 노동조건에 영향을 미치는 알고리즘 및 인공지능 시스템의 운영 기준과 주요 파라미터에 관한 정보를 제공하도록 의무화함으로써, 플랫폼의 업무 배정 및 평가 기준을 집단적 논의와 감시의 대상으로 편입시키는 제도적 장치를 마련하였다.

EU 차원에서는 플랫폼 노동자의 근로조건 개선을 목적으로 한 Directive (EU) 2024/2831이 보다 포괄적인 알고리즘 관리 규율 체계를 제시하고 있다. 동 지침은 플랫폼이 자동화된 모니터링 또는 의사 결정 시스템을 활용하는 경우, 해당 시스템의 존재와 주요 작동 방식에 관한 정보를 플랫폼 노동자에게 제공하도록 회원국에 요구하고 있으며, 노동자가 자동화된 결정에 대하여 설명을 요구하거나 인간에 의한 검토를 요청할 수 있는 절차적 권리를 규정하고 있다.

아울러 이 지침은 알고리즘 관리가 노동자의 업무 강도, 감시 수준 및 개인정보 보호에 미치는 영향을 고려하여 자동화된 모니터링 또는 의사 결정 시스템을 통해 감정 · 심리 상태 추정 정보, 사적 의사소통 내용, 식별 목적의 생체 정보 등과 같이 노동 통제와 결합될 경우 침해 위험이 높은 개인정보를 처리하는 행위를 금지하거나 엄격히 제한하는 규정을 두고 있다. 이러한 규율은 알고리즘 관리의 투명성을 제고하는 동시에, AI 기반 관리가 노동 통제와 개인정보 침해로 과도하게 확장되는 것을 방지하기 위한 절차적 · 실체적 보호 장치로 이해할 수 있다.

한국의 제도적 개선 방향

한국에서는 알고리즘 통제에 대한 제도적 보완이 필요하다. 우선, 배차 · 평가 · 보수 결정 알고리즘의 기본 원리에 대해 노동자와 노동자 대표에게 정보 공개를 의무화하는 방안을 검토할 수 있다. 알고리즘에 의해 이루어진 불이익 결정－예컨대 배차 제한, 평점 하락, 계정 정지 또는 해지－에 대해 인간 관리자의 검토를 요청할 수 있는 절차적 권리를 보장하는 방안이 논의될 수 있다. 또한 새로운 알고리즘을 도입하거나 기존 알고리즘을 변경할 경우, 노동자에게 미칠 영향을 사전에 평가하고 노동자 대표와 협의하는 '알고리즘 영향 평가' 제도의 도입도 검토 대상이 된다.

참고문헌

「근로기준법」. 법률 제20520호(2024.10.22. 공포, 2025.10.23. 시행).

대법원 2024. 7. 25. 선고 2024두32973 판결.

박정훈(2021). 《배달의민족은 배달하지 않는다》. 빨간소금.

서울중앙지방법원 2024. 7. 12. 선고 2022가합534381 판결.

장진희 외(2022). 플랫폼노동의 알고리즘 현황과 대응방안: 알고리즘의 공정성과 투명성, 노동자 통제를 중심으로. 서울: 한국노총 중앙연구원.

Cour de Cassation, Chambre sociale, Mar. 4, 2020, No. 19-13.316 (Uber case). [French Court of Cassation]

Cour de Cassation, Chambre sociale, Nov. 28, 2018, No. 17-20.079 (Take Eat Easy case). [French Court of Cassation]

Duggan, J. et al.(2020). Algorithmic management and app-work in the gig economy: A research agenda for employment relations and HRM. *Human Resource Management Journal, 30*(1), pp.114~132.

European Union(2024). Directive (EU) 2024/2831 of the European Parliament and of the Council of 23 October 2024 on improving working conditions in platform work, 2024 O.J.(L) 2831.

Gandini, A. (2019). Labour process theory and the gig economy. *Human Relations, 72*(6), 1039~1056.

Kellogg, K. C. et al.(2020). Algorithms at work: The new contested terrain of control. *Academy of Management Annals, 14*(1), pp.366~410.

Ley 12/2021, de 28 de septiembre, por la que se modifica el texto refundido de la Ley del Estatuto de los Trabajadores. [Spain Rider Law(2021)]

Pasquale, F.(2015). The Black Box Society: The Secret Algorithms That Control Money and Information. Harvard University Press.

Proposition 22, Cal. Bus. & Prof. Code § § 7448–7467(2020).

Rosenblat, A., & Stark, L.(2016). Algorithmic labor and information asymmetries: A case study of Uber's drivers. International Journal of Communication, 10.

Tribunal Supremo, Sentencia No. 805/2020, Sept. 25, 2020 (Glovo case). [Spanish Supreme Court]

Uber BV v. Aslam [2021] UKSC 5. [UK Supreme Court]

Wood, A., Graham, M., Lehdonvirta, V., & Hjorth, I. (2019). Networked but commodified: The (dis)embeddedness of digital labour in the gig economy. *Sociology, 53*(5), 931~950.

05
해외 판례와 입법 동향

각국의 법원과 입법기관은 플랫폼 노동자의 법적 지위에 관한 기존 노동법의 한계를 인식하고, 이들의 보호를 위해 다양한 법적 대응을 전개해 왔다. 프랑스의 Take Eat Easy 판결, 영국 Uber 판결, 스페인의 글로보 판결과 라이더법, 미국의 ABC 테스트와 Proposition 22, 그리고 EU 플랫폼 근로 여건 개선 지침은 이러한 흐름을 대표하는 판례로 평가된다.

AI 콘텐츠 크리에이터?

해외 판례와 입법 동향

프랑스 파기원(Cour de Cassation)은 Take Eat Easy 사건(2018.11.28)에서 GPS 기반 위치 추적과 제재 구조를 근거로 근로자성을 인정하였고, Uber 사건(2020.3.4.)에서도 요금 · 업무 조건의 비자율성, 고객 관계 형성 제한, 앱 접속 제한 등 제재 요소를 종합해 근로자성을 인정하였다.

영국 대법원은 Uber BV v Aslam [2021] UKSC 5 판결에서 우버 운전기사를 근로자와 자영업자의 중간 범주인 노무 제공자로 인정하여 최저임금, 유급휴가 등 핵심적 보호를 받을 수 있도록 하였다. 대법원은 계약의 형식보다 관계의 실질을 기준으로, 우버가 운임을 일방적으로 결정하고, 알고리즘과 제재 구조를 통해 배차 수락 · 거절을 실질적으로 제한하며, 평점 시스템으로 업무를 지속적으로 감시 · 평가한다는 점 등을 종합적으로 고려하였다.

스페인 대법원(Tribunal Supremo)은 2020년 Glovo 사건에서 배달 플랫폼 라이더를 근로자로 인정하였다. 법원은 반복적 거부가 배차 불이익으로 이어지는 점, GPS를 통한 실시간 위치 파악, 보수 산정의 일방적 결정, 그리고 핵심 생산수단이 플랫폼의 디지털 인프라에 있다는 점을 고려하였다. 이를 바탕으로 스페인은 2021년 라이더법(Ley Rider)을 제정하였다. 이 법은 플랫폼이 알고리즘을 활용해 노무를 조직·관리하는 경우 참여 인력을 근로자로 추정하는 규정을 도입하고, 플랫폼 기업이 알고리즘 및 AI 시스템의 주요 매개변수 정보를 노동조합에 제공하도록 의무화하였다. 다만 적용 대상이 배달 플랫폼에 한정되고 규제 우회 가능성이 존재한다는 한계가 있다.

미국에서는 2018년 캘리포니아 대법원이 Dynamex Operations West, Inc. v. Superior Court 판결에서 ABC 테스트를 제시하고 사용자가 노무 제공자를 독립 계약자로 분류하려면 업무 수행에서 지휘·통제가 없을 것, 수행 업무가 사용자의 통상적 사업 범위 외일 것, 노무 제공자가 독립된 사업체를 운영하고 있을 것이라는 세 요건을 모두 입증해야 한다. 캘리포니아주는 2019년 AB5 법(Assembly Bill 5)을 통해 이를 성문화하였으나, Uber와 Lyft 등의 반발로 2020년 Proposition 22가 주민투표로 통과되어 플랫폼 운전기사를 독립 계약자로 분류하되 제한적 보호를 부여하는 특례 체계가 도입되었다.

EU 플랫폼 노동 지침(2024)

유럽연합은 2024년 "플랫폼 근로 여건 개선에 관한 지침"[Directive (EU) 2024/2831, Directive on improving working conditions in platform work]을 채택하였다. 유럽연합 집행위원회에 따르면, EU 내 플랫폼 노동자는 약 2800만 명에 이르며, 이 중 약 550만 명은 실질적으로는 종속적 노동을 수행함에도 불구하고 자영업자로 분류되어 있는 것으로 추정된다(European Commission, 2021). 이 지침은 이러한 고용 관계 오분류(misclassification) 문제를 시정하고, 플랫폼 노동 환경에서 나타나는 근로자 보호의 구조적 공백을 완화하기 위한 공통의 규범적 틀을 마련하는 것을 주요 목적으로 한다. 특히 플랫폼 노동의 국경 간 확산이라는 특성을 고려하여, 회원국 간 규율 격차를 최소화하고 공통의 최소 기준을 설정하는 데 초점을 두고 있다.

지침의 핵심 제도 중 하나는 고용 관계 추정 규정(Employment Presumption)이다. 지침에 따르면, 플랫폼이 노무 제공 과정에서 일정한 관리·통제 지표를 충족하는 경우, 해당 플랫폼 종사자는 노동법상 근로자로 추정된다. 이러한 지표에는 예컨대 보수 수준의 설정, 업무 수행 방식이나 행동 규칙에 대한 지시, 근무 시간 또는 업무 수락 방식에 대한 실질적 제한, 성과 평가나 제재를 통한 관리 등이 포함된다. 고용 관계가 추정되는 경우, 입증 책임은 플랫폼에 전환되며, 플랫폼은 해당 종사자가 실제로 독립적인 자영업자임을 입증하지 못하는 한 근로자로 취급된다. 지침은 계약서의 명칭이나 형식보다는 노무 제공 관계의 실질과 실제 운영 방식을 기준으로 판단해야 함을 명확히 하여, 형식적 계약 구조를 통한 책임 회피를 방지하고자 한다. 다만 지침은 구체적인 판단 기준의 적용과 소송 절차는 각 회원국의 국내법과 사법 제도에 따라 이루어지도록 하여, 고용 관계 추정 규정이 근로자 지위를 확정하는 것은 아님을 전제로 하고 있다.

지침은 고용 관계 분류와 무관하게, 모든 플랫폼 종사자(platform workers)에게 알고리즘 관리와 관련된 최소한의 권리를 보장한다는 점에서 중요한 의미를 가진다. 구체적으로, 플랫폼이 자동화된 모니터링 또는 의사결정 시스템을 활용하는 경우, 해당 시스템의 존재와 주요 기능에 대한 정보를 제공해야 하며, 자동화된 결정으로 불이익을 받은 경우 그 결정에 대한 설명 요구권과 인간에 의한 검토(human review)를 요청할 권리를 보장해야 한다.

또한 계정 정지 · 해지, 접근 제한 등 노무 제공을 사실상 배제하는 중대한 조치에 대해서는, 자동화된 시스템에만 의존하지 않고 적절한 절차적 보호가 수반되어야 함을 명시하고 있다. 이는 플랫폼 노동에서 빈번히 문제되는 이른바 '디지털 해고'에 대해 최소한의 절차적 통제 장치를 마련하려는 취지로 이해된다.

아울러 지침은 알고리즘 관리가 노동자의 업무 강도나 감시 수준을 과도하게 증폭시키는 것을 방지하기 위해, 자동화된 시스템을 통한 특정 민감 개인정보의 처리에 제한을 두고 있다.

세 가지 접근법의 비교 분석

기준 완화형: 해석 확장형

프랑스와 스페인의 주요 판례가 대표적인 사례다. 이 접근법은 전통적인 근로자성 판단 기준인 사용 종속성 개념을 유지하면서 알고리즘에 의한 업무 배정, 성과 평가, 제재 등 플랫폼 특유의 통제 방식을 전통적인 지휘 · 감독과 기능적으로 동등한 관리 · 통제 수단으로 평가한다는 특징을 가진다. 즉, 직접적인 명령이나 대면 감독이 없더라도, 디지털 기술을 통해 노동 과정이 구조적으로 조직 · 통제되는 경우 종속성을 인정할 수 있다는 해석론적 확장을 통해 근로자성 인정 범위를 넓히는 방식이다. 이 접근법은 기존 노동법 체계와의 정합성을 비교적 유지하면서도 새로운 노동 형태에 대응할 수 있다는 장점이 있다. 다만 근로자성 판단이 개별 사안별 사실 관계에 크게 의존하게 되므로 판단의 예측 가능성이 낮고, 사법적 분쟁을 통해서만 권리 구제가 이루어질 수 있다는 점에서 분쟁 비용과 불확실성이 크다는 한계를 지닌다.

입증 책임 전환형: 근로자 추정형

스페인의 라이더법, EU 플랫폼 노동 지침, 미국 캘리포니아주의 ABC 테스트가 이 유형에 해당한다. 이 접근법은 일정한 요건이 충족되는 경우 플랫폼 종사자를 원칙적으로 근로자로 추정하고, 플랫폼 사업자가 해당 종사자가 자영업자임을 입증하도록 입증 책임을 전환하는 방식이다. 이는 노동자가 개별적으로 종속성을 입증해야 하는 부담을 실질적으로 완화하고, 플랫폼 노동에서 빈번하게 문제되는 자영업자 오분류(misclassification)를 제도적으로 시정할 수 있다는 점에서 보호의 실효성이 크다. 특히 알고리즘을 통한 관리 · 통제 구조를 제도적으로 반영하여, 형식적 계약 구조에 의존한 책임 회피를 제한하는 기능을 수행한다. 반면, 적용 범위와 요건 설정에 따라 플랫폼 산업의 경영 자율성이나 사업 모델의 유연성을 제약할 수 있다는 우려가 제기되며, 지나치게 포괄적으로 설계될 경우 산업별 · 직종별 특수성을 충분히 반영하지 못할 위험도 함께 존재한다.

제3범주 도입형: 중간적 지위 설정형

영국의 'worker' 개념과 미국 캘리포니아주의 Proposition 22가 대표적인 사례다. 이 접근법은 근로자와 자영업자 사이에 중간적 법적 지위를 설정하여, 최저임금, 유급휴가, 차별 금지 등 일부 핵심적인 노동권을 제한적으로 보장하는 방식이다. 플랫폼 노동의 다양성과 유연성을 고려하여, 전면적인 근로자성 인정이 어려운 경우에도 최소한의 보호를 제공할 수 있다는 점에서 현실적 절충 모델로 평가된다. 특히 플랫폼 노동의 부업 · 간헐적 특성을 일정 부분 반영할 수 있다는 장점이 있다. 그러나 보호 수준이 전통적인 근로자 보호에 미치지 못하고, 중간 범주의 법적 성격과 보호 범위를 둘러싼 논란이 지속된다는 점에서 제도적 안정성과 일관성에는 한계가 있다. 또한 장기적으로는 기존 근로자 보호 체계를 약화시킬 수 있다는 비판도 제기된다.

한국에의 시사점

해외 판례와 입법 동향은 한국의 플랫폼 노동 규율에 다음과 같은 시사점을 제공한다. 첫째, 알고리즘 통제의 지휘·감독 해당성에 관한 법리의 정교화가 필요하다. 대법원 '타다' 판결은 플랫폼의 사업 구조와 알고리즘 관리 방식을 고려 요소로 명시하였다는 점에서 의미가 있으나, 구체적인 판단 기준에 대한 축적과 명확화가 요구된다. 둘째, 플랫폼 노동의 특성을 고려하여 일정 요건 충족 시 근로자로 추정하는 입증 책임 전환 제도의 도입 가능성을 검토할 필요가 있다. 이는 개별 분쟁에 의존한 사후적 보호의 한계를 보완할 수 있는 제도적 대안이 될 수 있다. 셋째, 이러한 제도 설계 과정에서는 노사정 간 사회적 대화와 합의 절차를 통해 이해관계자의 수용성을 높이는 접근이 중요하다. 이는 플랫폼 노동 규율의 지속 가능성과 제도적 정당성을 확보하는 핵심 조건이 된다.

참고문헌

대법원 2024. 7. 25. 선고 2024두32973 판결.
Assembly Bill No. 5, Cal. Lab. Code § § 2750.3, 3351(2019).
Cour de Cassation, Chambre sociale, Mar. 4, 2020, No. 19-13.316 (Uber case). [French Court of Cassation]
Cour de Cassation, Chambre sociale, Nov. 28, 2018, No.

17-20.079 (Take Eat Easy case). [French Court of Cassation]
Dynamex Operations West, Inc. v. Superior Court, 4 Cal. 5th 903(2018).
European Commission(2021). Proposal for a Directive on improving working conditions in platform work (COM/2021/762 final).
European Union(2024). Directive (EU) 2024/2831 of the European Parliament and of the Council of 23 October 2024 on improving working conditions in platform work, 2024 O.J. (L) 2831.
Ley 12/2021, de 28 de septiembre, por la que se modifica el texto refundido de la Ley del Estatuto de los Trabajadores. [Spain Rider Law(2021)]
Proposition 22, Cal. Bus. & Prof. Code § § 7448-7467(2020).
Tribunal Supremo, Sentencia No. 805/2020, Sept. 25, 2020 (Glovo case). [Spanish Supreme Court]
Uber BV v. Aslam [2021] UKSC 5. [UK Supreme Court]

06
플랫폼 자본주의와 인지 자본주의

플랫폼 자본주의는 데이터를 핵심 원자재로, 알고리즘을 가공 도구로 활용하여 이용자의 일상적 활동을 수집 · 분석하고 이를 가치로 전환하는 새로운 자본 축적 체제다. 인지 자본주의 이론에 따르면 노동의 가치 원천은 물질적 생산에서 인지, 주의, 감정, 데이터와 같은 비물질적 요소로 이동하였으며, 이는 자본주의 축적 논리의 중요한 전환을 의미한다. 특히 SNS와 플랫폼은 이용자의 소통과 주의, 감정 표현을 지속적으로 포획함으로써 인지 자원을 축적하는 장치로 기능한다.

AI와 민주주의?

플랫폼 자본주의의 등장과 특성

플랫폼 자본주의에 대한 배경과 개념

현대 자본주의는 물질적 생산 중심의 산업 자본주의를 넘어, 지식·정보·인지 활동이 가치 창출의 핵심이 되는 인지 자본주의(cognitive capitalism)로 이행해 왔다(조정환, 2011). 이 체제는 비물질 노동과 '일반 지성(general intellect)', 그리고 사회적 협력과 네트워크를 자본 축적의 주요 원천으로 포섭하는 것이 특징이다. 특히 2008년 금융 위기 이후 심화된 금융화와 디지털 기술의 발전은 사회적 상호작용과 인지적 활동이 자본 축적 과정에 조직적으로 편입되는 조건을 형성하였다(Mezzadra & Fumagalli eds., 2023). 이러한 인지 자본주의적 논리가 디지털 인프라와 결합해 구체화된 대표적 비즈니스 모델이 바로 플랫폼 자본주의로, 이는 알고리즘과 데이터 분석을 통해 인간의 인지 활동과 일상적 행위를 체계적으로 가치화한다.

닉 서르닉(Nick Srnicek)이 2016년 동명의 저서에서 체계화한 플랫폼 자본주의(platform capitalism) 개념은 아마존, 구글, 페이스북, 우버와 같은 디지털 플랫폼 기업의 성장으로 나타난 경제적 경향성을 지칭한다(Srnicek,

2017). 플랫폼 자본주의의 핵심은 데이터를 원자재로 활용하여 가치를 창출한다는 점에 있다. 플랫폼 기업은 상품의 교환을 촉진하면서 사용자의 데이터를 수집하고, 이를 알고리즘과 결합하여 새로운 수익을 창출한다. 이 과정에서 사용자들의 인지 활동, 사회적 상호작용, 일상적 행위가 모두 가치 추출의 대상이 되며, 이는 인지 자본주의가 논의해 온 비물질 노동의 포섭이 플랫폼이라는 기술적 인프라를 통해 전면화된 것으로 볼 수 있다.

플랫폼의 양면 시장 구조

플랫폼은 정의상 이중적인 특성을 지닌다. 외연적으로는 소비자와 공급자를 동시에 연결 · 중개하는 양면 시장(two-sided market)의 구조를 취하며, 이용자들의 인지 · 정서 · 감정 · 정동 표현이 축적될 수 있는 인터페이스를 제공한다. 이러한 양면 시장에서는 네트워크 효과(network effect)가 핵심적으로 작동하는데, 한쪽 이용자 집단의 증가가 다른 쪽 집단의 가치를 높이는 교차 네트워크 효과를 통해 플랫폼의 시장 지배력이 강화된다.

반면 내포적으로는 특정한 목적과 전략적 구상에 따라 서비스와 기능을 설계 · 배치하고, 이를 통해 이용자의 활동 데이터를 체계적으로 포획 · 분석하여 경제적 가치로 전환하려는 지향성을 내재하고 있다. 플랫폼은 개방적이고 중립적인 중개자로 보이지만, 실제로는 알고리즘을 통해 이용자 간 상호작용의 조건과 방식을 통제하며, 이 과정에서 발생하는 모든 데이터에 대한 독점적 접근권을 확보한다. 플랫폼 자본주의는 플랫폼 이용자의 활동과 물질적 혹은 비물질적 지원을 흡수해 특정한 데이터 알고리즘으로 정제하고 이를 자본으로 만드는 신종 거간꾼 시장 모델이다(이광석, 2017). 이처럼 플랫폼은 연결과 중개라는 표면적 기능 이면에 데이터 추출과 가치 전유라는 이중의 논리를 작동시킨다.

네트워크 효과와 독점화 경향

플랫폼 산업의 DNA에는 독점화 경향이 구조적으로 내장되어 있다. 플랫폼 경제에서 핵심적으로 작동하는 네트워크 효과는 직접 네트워크 효과와 간접 네트워크 효과로 구분된다. 직접 네트워크 효과는 동일 집단 내 이용자가 늘어날수록 서비스의 가치가 증가하는 현상을 말하며, 간접(교차) 네트워크 효과는 한쪽 이용자 집단의 증가가 다른 쪽 집단에게 더 큰 가치를 제공하는 현상을 의미한다. 예컨대 우버의 경우 승객이 많아질수록 운전자에게 매력적인 플랫폼이 되고, 운전자가 증가하면 승객의 대기 시간이 단축되어 플랫폼의 효용이 상승한다.

이처럼 더 많은 이용자의 유입은 상호작용의 확대를 낳고, 이는 다시 방대한 데이터의 축적과 가치 증대로 이어지면서 초기의 경쟁 우위가 장기적이고 안정적인 시장 지배로 고착되는 선순환 구조를 형성한다. 플랫폼은 축적된 데이터를 기반으로 알고리즘을 정교화하고 서비스를 개선함으로써 후발 주자와의 격차를 벌리게 되며, 이는 '승자독식' 시장 구조로 귀결된다.

이러한 과정에서 빅데이터의 중앙 통제, 이용자 확보를 둘러싼 거대 플랫폼 기업 간의 경쟁, 그리고 각 플랫폼 자본이 이용자를 자사 생태계 안에 묶어 두기 위해 자체적인 상품과 서비스 체계를 구축하며 외부로의 이동을 차단하는 이른바 '록인(lock-in)' 전략이 특징으로 나타난다. 록인 전략은 전환 비용을 높여 이용자가 경쟁 플랫폼으로 이탈하는 것을 억제하는데, 애플의 iOS 생태계나 아마존 프라임 멤버십이 대표적인 사례다. 나아가 거대 플랫폼 기업들은 인수합병을 통해 잠재적 경쟁자를 조기에 흡수하거나, 자사 플랫폼의 지배력을 인접 시장으로 확장하는 방식으로 독점적 지위를 공고히 한다.

데이터: 21세기의 석유

데이터의 원자재화

전통적 산업 자본주의에서 상품화된 노동력이 가치 창출과 자본 축적의 핵심이었다면, 플랫폼 자본주의에서는 데이터가 그 자리를 대신하며 핵심 원자재로 기능한다. 디지털 기술의 발달로 데이터 추출과 수집이 훨씬 쉬워지면서, 데이터를 체계적으로 추출 · 분석 · 활용하는 새로운 산업이 부상하였고, 이는 생산 과정의 최적화와 노동에 대한 관리 · 통제를 가능하게 하는 한편, 새로운 상품과 서비스가 만들어지는 토대를 제공한다. 빅데이터는 산업혁명 시기의 석탄에 비견될 만큼, IT와 스마트 혁명 시기에 혁신 촉진과 경쟁력 강화 및 생산성 향상을 위한 핵심 자원으로 간주된다.

빅데이터의 3V(+2V) 특성

빅데이터의 특징은 전통적으로 3V로 요약된다(Laney, 2001). Volume(양)은 데이터의 규모가 기하급수적으로 증가하는 것을 의미한다. Velocity(속도)는 데이터의 생성과 처리 속도가 실시간에 근접하는 것을 의미한다. Variety(다양성)는 정형, 반정형, 비정형 데이터의 다양한 형태를 포괄하는 것을 의미한다. 최근에는 가치(Value)와 정확성(Veracity)을 추가하여 5V로 확장한다. 데이터의 양과 크기, 이를 분석하는 알고리즘의 정교화가 이전 자본주의와 현 단계 자본주의를 구분하는 핵심 요소다.

알고리즘: 이용자 활동의 가치 전환

알고리즘의 역할

알고리즘은 플랫폼에 축적된 데이터들이 특정한 결괏값을 가지도록 프로그래밍된 명령이다. 알고리즘은 플랫폼에 참여한 객체들의 움직임, 활동, 특성을 데이터로 환산해 패턴화시키고 사용자들 사이를 매칭시킨다. 이를 구현하기 위해 알고리즘은 실제 세계의 복잡한 현상을 데이터로 환산한 뒤, 이를 토대로 고도의 분석 능력과 예측력을 갖춘 모델로 구축된다. 플랫폼의 시장 경쟁력은 이용자 활동 및 자원의 무차별적인 수취와 알고리즘에 의한 배치로 결정된다. 조정환(2011)의 관점에서 보면, 알고리즘은 인지 자본주의 시대에 일반 지성(general intellect)을 포획하고 사유화하는 핵심 기제로 기능하는 것이다. 과거 산업 자본주의에서 기계가 육체노동을 포섭했다면, 오늘날 알고리즘은 인간의 인지 활동과 사회적 협력 자체를 가치 추출의 대상으로 전환한다.

기계적 예속

이탈리아의 철학자 라차라토(Maurizio Lazzarato)가 분석한 플랫폼 자본주의의 작동 방식은 일종의 '기계적 예속'에 해당한다(Lazzarato, 2014). 플랫폼 내부에서는 다양한 기술적 장치와 알고리즘이 우리의 말과 행동, 소통 방식을 보이지 않게 조율하고 촉진한다. 이 과정에서 데이터 세계에서는 개인의 고유한 맥락이나 서사가 제거된 비언어적 기호 체계가 합리성의 언어와 담론 중심의 통치 방식을 압도하게 된다. 그 결과 개인은 하나의 통합된 주체로 인식되기보다는 클릭 · 시청 시간 · 위치 · 취향 · 반응과 같은 데이터 단위로 잘게 분해되어 관리되는 존재가 되는데, 라차라토는 이를 '가분체(dividuals)'라고 설명한다. 즉 가분체란 더 이상 '전체로서의 개인'이 아니라, 플랫폼이 필요에 따라 분석하고 조합할 수 있는 수많은 데이터 조각들의 집합으로 존재하는 인간을 의미한다. 이러한 가분체화는 조정환(2011)이 논의한 사회적 삶의 재구성과 맞닿아 있으며, 네그리 외(2023)가 분석한 금융 자본주의의 논리와도 결합한다. 개인의 데이터화된 조각들은 금융 상품처럼 거래되고 투기의 대상이

되며, 이는 인지 자본주의가 단순한 생산 양식의 변화를 넘어 주체성 자체의 근본적 재편을 수반함을 보여 준다.

인지 자본주의: 가치 원천의 이동

아톰(Atom)에서 비트(Bit)로

인지 자본주의는 노동의 가치 원천이 물질적 생산(atom)에서 인지, 주의, 데이터(bit)로 이동했음을 설명하는 이론적 프레임워크다(Moulier-Boutang, 2011). 인지 자본주의는 산업 자본주의 이후 나타난 새로운 축적 양식으로서 지식과 정보, 인지 활동이 가치 창출의 핵심으로 부상한 현대 세계의 거대한 전환을 의미한다(조정환, 2011). 가치 창출의 핵심이 노동력에서 데이터, AI와 알고리즘 기술의 활용으로 변화했다는 것이다. 이러한 변화는 기존의 사회 체제의 '디지털 자본주의'로의 질적 전환이라 할 수 있으며, 2008년 금융 위기 이후 전 지구적 차원에서 가속화되고 있다(네그리 외, 2023).

인지 노동과 비물질 노동

인지 자본주의에서 핵심적인 노동 형태는 인지 노동과 비물질 노동이다. 인지 노동은 창의성, 감정, 소통, 지식 등

정신적 · 인지적 활동을 포함하며, 비물질 노동은 물질적 상품이 아닌 서비스, 정보, 문화, 정동 등 비물질적 산출물을 생산하는 노동을 의미한다(Hardt & Negri, 2004). 조정환(2011)은 이러한 비물질 노동이 단순히 새로운 노동 형태의 출현이 아니라 사회적 삶 전체의 재구성을 수반한다고 강조한다. 즉, 노동과 여가, 생산과 소비, 공적 영역과 사적 영역의 경계가 흐려지면서 삶 자체가 가치 생산의 장(場)이 된다. 플랫폼 이용자들이 게시물을 작성하고, '좋아요'를 누르고, 댓글을 달고, 콘텐츠를 공유하는 모든 활동이 이러한 비물질 노동에 해당하며, 이는 전통적인 임금노동의 범주를 넘어서는 새로운 착취 양식을 형성한다.

주의 경제

인지 자본주의의 핵심 개념 중 하나는 '주의 경제(attention economy)'다(Davenport & Beck, 2001). 정보가 풍부해진 디지털 시대에 희소한 자원은 정보 자체가 아니라 정보를 처리하는 '주의(attention)'다. 플랫폼은 이용자의 주의를 붙잡아두기 위해 알고리즘을 최적화하고, 콘텐츠를 추천하며, 알림을 통해 재방문을 유도한다. 이렇게 포획된 주의는 광고주에게 판매되는 방식으로 수익화된다. 이러한 주의의 포획과 수익화 과정은 금융 자본주의와 결합하면서 새로운 형태의 사회적 갈등과 정치적 긴장을 야기한다(네그리 외, 2023). 인지 자본주의 체제에서 주의는 축적과 투기의 대상이 되는 금융화된 자산으로 전환된다.

소셜 미디어: 인지 수집 기계

소셜 미디어의 데이터 추출 메커니즘

닉 서르닉이 말한 바와 같이, 플랫폼 앱은 '노동 활동으로부터 데이터를 채굴하는 핵심 장치'다(Srnicek, 2017). 소셜 미디어는 인간 행동을 데이터로 기록하고, 그것을 가공하여 새로운 가치를 창출하는 '데이터화(datafication)'를 수반한다. 데이터화를 통해 질적으로 다른 다양한 개인들 간의 상호작용은 사용자 활동성, 바이럴 지수, 플랫폼 체류 시간 등의 지표로 계량화된다. 개별 이용자의 특성이나 능력 등 일의 경험은 적합도와 평점과 같은 수치로 치환된다.

감시 자본주의

쇼샤나 주보프(Shoshana Zuboff)는 이러한 현상을 '감시 자본주의(surveillance capitalism)'로 개념화하였다(Zuboff, 2019). 감시 자본주의에서 플랫폼 기업들은 이용자의 행동 데이터를 추출하여 '행동 잉여'를 확보하고, 이를 기반으로 이용자의 미래 행동을 예측하는 '예측 상품'을 만들어 광고주에게 판매한다.

정동 노동과 자유 노동

플랫폼 이용자들의 정동 노동(Affective Labor)과 자유 노동(Free Labor)은 플랫폼 기업들에게 이용자 데이터를 제공하고 이의 가공과 판매, 활용은 플랫폼 기업들의 큰 수익의 원천이 된다(Terranova, 2000). 이용자들이 누르는 '좋아요'와 자발적인 리뷰 등의 모든 활동이 무보상의 노동으로 기능한다. 자본가는 이전에 경제적 가치로 주목받지 못했던 수용자의 인지, 감정, 창의 노동 등을 가치화시켜 이윤을 창출하지만 정작 수용자는 이에 대한 보상을 받지 못한다.

플랫폼 자본주의의 문제점과 비판

플랫폼 자본주의는 효율성, 혁신, 협력과 공유를 강조하는 긍정적 담론의 이면에서 다음과 같은 구조적 문제들을 내포하고 있다.

첫째, 개인 주체성의 알고리즘 종속이다. 이용자는 알고리즘의 추천과 분류에 따라 행동하고 선택하게 되면서 점차 자율성을 상실한다. 둘째, 데이터 소외다. 이용자는 스스로 생산한 데이터에 대해 통제권과 수익 귀속 권한을 행사하지 못한다. 셋째, 프라이버시 침해와 정치적 조작의 위험이다. 개인정보의 무단 수집·유출, 허위 조작 정보(이른바 가짜뉴스) 확산, 여론 조작 가능성이 상존한다. 넷째, 독점과 시장 지배의 심화다. 네트워크 효과로 인해 승자독식 구조가 고착되고, 플랫폼 자본의 지대 취득이 강화된다. 다섯째, 자유 노동에 대한 무보상이다. 플랫폼 이용 과정에서 발생하는 이용자의 데이터 생산 활동이 노동으로 인정되지 않으며, 이에 대한 정당한 보상 역시 부재하다.

참고문헌

조정환(2011). 《인지자본주의: 현대 세계의 거대한 전환과 사회적 삶의 재구성》. 갈무리.

Mezzadra, S. & Fumagalli, A.(eds.)(2023). 《인지자본주의와 전지구적 경제위기: 금융시장, 사회적 투쟁 및 새로운 정치 시나리오》. 진성철 옮김. 두번째테제.

Davenport, T. H. & Beck, J. C.(2001). *The attention economy: Understanding the new currency of business.* Harvard Business School Press.

Hardt, M. & Negri, A.(2004). *Multitude: War and democracy in the age of empire*. Penguin Press.

Laney, D.(2001). 3D data management: Controlling data volume, velocity and variety. META Group Research Note, 6. META Group.

Lazzarato, M.(2014). *Signs and machines: Capitalism and the production of subjectivity*. In J. Jordan, D.(trans.). Semiotext(e).

Moulier-Boutang, Y.(2011). *Cognitive capitalism*. In Emery, E.(trans.). Polity Press.

Srnicek, N.(2017). *Platform capitalism*. Polity Press.

Terranova, T.(2000). Free labor: Producing culture for the digital economy. *Social Text, 18*(2), pp.33~58.

Zuboff, S.(2019). *The age of surveillance capitalism: The fight for a human future at the new frontier of power*. PublicAffairs.

07
창의 노동과 디지털 무임노동

이 장에서는 유튜브, 틱톡 등 1인 미디어 플랫폼에서 나타나는 창의 노동과 디지털 무임노동의 구조를 살펴본다. 플랫폼 환경에서 크리에이터의 노동은 자율성과 자아실현이라는 긍정적 경험을 제공하는 동시에, 불안정한 수익과 과잉 노동, 자기 착취의 위험을 내포하는 양가적 성격을 지닌다. 이러한 특성은 헤스몬달프와 베이커(2011)의 '좋은 노동/나쁜 노동' 개념과 파스트 등(2016)의 디지털 무임노동 은유를 통해 분석한다.

AI와 애니메이션?

창의 노동의 개념

창의 노동의 정의

창의 노동(creative labor)이란 문화 산업 속에 존재하는 상징적 가치 생산 활동을 의미한다. 헤스몬달프와 베이커(Hesmondhalgh & Baker, 2011)에 따르면, 창의 노동은 창의성, 자율성, 자아실현, 재미, 열정 등의 긍정적 가치를 포함하지만 동시에 노동 불안정성, 과잉 노동, 낮은 보상과 같은 부정적 노동 경험의 기반이 될 수 있다는 양가적 특성을 가진다.

1인 미디어 플랫폼의 부상

유튜브, 틱톡, SOOP(구 아프리카TV) 등 1인 미디어 플랫폼은 누구나 콘텐츠 생산자가 될 수 있는 환경을 제공하였다. 2022년 교육부와 한국직업능력개발원 조사에 따르면 '크리에이터'가 초등학생 희망 직업 3위에 올랐다(교육부 · 한국직업능력개발원, 2022). 플랫폼의 수익 구조가 정교화되면서 콘텐츠 창작자를 둘러싼 디지털 경제가 발전하기 시작했다.

헤스몬달프 등의 '좋은 노동/나쁜 노동'

좋은 노동의 요소

헤스몬달프와 베이커(2011)는 창의 노동의 긍정적 측면을 '좋은 노동(Good Work)'으로 개념화하였다. 첫째, 참여로서, 자발적으로 노동에 참여하고 의사 결정에 관여할 수 있다. 둘째, '흥미'로서, 노동 자체가 재미있고 흥미롭다. 셋째, '자율성'으로서, 작업 방식, 시간, 내용 등을 스스로 결정할 수 있다. 넷째, '자아실현'으로서, 노동을 통해 자신의 잠재력을 발현하고 성장한다. 다섯째, '노동 보장성'으로서, 고용 안정성과 적정 소득이 보장된다.

나쁜 노동의 요소

반면 '나쁜 노동(Bad Work)'은 다음과 같은 특성을 보인다. 첫째, '불안정한 수익'으로서, 고정 수입 없이 조회수와 광고 수익에 의존하는 불확실성이 존재한다. 둘째, '과잉 노동'으로서, 경쟁 심화로 인한 장시간 노동과 번아웃이 발생한다. 셋째, '자기 착취'로서, 열정을 빌미로 한 무보상 또는 저보상 노동이 이루어진다. 넷째, '알고리즘 종속'으로서, 플랫폼의 알고리즘 변화에 따라 수익이 급변동한다.

크리에이터 노동의 양가성

박진선(2020)은 1인 미디어 크리에이터의 노동 과정을 콘텐츠 생산-이용자와의 소통-보상 획득으로 이어지는 단계적 구조로 분석하였다. 이 과정에서 크리에이터들은 참여와 흥미, 자율성, 자아실현과 같은 '좋은 노동'의 요소를 경험하는 동시에, 불안정한 수익 구조와 과도한 노동 강도라는 '나쁜 노동'의 조건에도 노출되는 것으로 나타났다. 이러한 창의 노동의 양면성은 크리에이터들로 하여금 노동 과정 전반에서 자기 관리와 자기 통치(self-management)를 강화하도록 요구하는 방식으로 작동한다.

디지털 무임노동의 개념과 유형

무임노동의 개념

디지털 무임노동(free labor) 또는 공짜 노동은 티지아나 테라노바(Tiziana Terranova)가 2000년 처음 개념화한 것으로, 인터넷 이용자들이 무보상으로 수행하면서 플랫폼에 가치를 제공하는 노동을 의미한다(Terranova, 2000). 'Free'는 '무료(without cost)'와 '자유로운(voluntary)'이라는 이중적 의미를 내포한다. 디지털 공짜 노동은 자발적이면서도 착취적이고, 즐거우면서도 동시에 노동인 양가적 특성을 갖는다.

파스트 등(2016)의 7가지 무임노동 은유

파스트, 니보르그, 핀(Fast et al., 2016)은 디지털 및 모바일 미디어 환경에서 이용자와 창작자의 활동이 어떻게 무임노동(free labor)으로 조직되는지를 분석하며, 이를 설명하기 위해 아래처럼 일곱 가지 은유적 틀을 제시하였다. 이 은유들은 플랫폼 참여와 자율성, 즐거움이 노동의 형태로 전환되는 동시에, 그 착취 구조가 은폐되는 과정을 비판적으로 드러내는 분석 도구로 기능한다.

첫째, 노예(slave)는 착취당하면서도 선택의 여지없이 노동하는 존재를 의미한다. 플랫폼 이용자는 서비스 이용 과정에서 클릭, 검색, 위치 정보, 이용 패턴 등의 데이터를 지속적으로 생산하지만, 이러한 데이터가 어떻게 활용되고 수익화되는지에 대한 통제권이나 보상을 거의 갖지 못한다. 예컨대 무료 SNS를 이용하는 과정에서 생성되는 방대한 행동 데이터는 광고 타기팅과 알고리즘 고도화에 활용되지만, 이용자는 이에 대해 대가를 받지 못한 채 플랫폼에 종속된다.

둘째, 간병인(caregiver)은 돌봄 노동처럼 비가시화되고 저평가되는 감정 노동을 수행하는 존재다. 댓글 작성, '좋아요' 클릭, 신고 기능 사용, 커뮤니티 규칙 준수와 같은 활동은 플랫폼의 질서 유지와 콘텐츠 확산에 핵심적인 역할을 하지만 대부분 무보수로 이루어진다. 예를 들어 대형 커뮤니티나 SNS에서 이용자들이 자발적으로 악성 댓글을 제지하거나 신규 이용자를 안내하는 행위는 플랫폼 운영을 보조하는 정동 노동임에도 공식적인 노동으로 인정되지 않는다.

셋째, 견습생(apprentice)은 미래의 보상을 기대하며 현재의 무보상 노동을 감수하는 존재다. 유튜버, 인스타그램 크리에이터, 웹툰 작가 지망생 등은 '경력', '포트폴리오', '노출'이라는 미래 가치를 기대하며 장기간 무보수 또는 저보수로 콘텐츠를 생산한다. 그러나 극소수만이 수익화에 성공하며, 다수는 실질적인 보상 없이 노동을 종료하게 된다.

넷째, 탐광자(prospector)는 대박의 가능성을 좇아 높은 위험을 감수하는 존재다. 플랫폼은 소수의 성공 사례 ―예컨대 유명 인플루언서나 스타 유튜버―를 전면에 내세워 참여를 유도하지만, 실제로는 대부분의 참여자가 수익을 얻지 못한다. 그럼에도 불구하고 '언젠가 성공할 수 있다'는 기대가 다수의 무보상 노동 참여를 정당화하는 장치로 작동한다.

다섯째, 애호가(hobbyist)는 순수한 열정과 취미로 노동하는 존재다. 팬픽션 작성, 게임 모드 제작, 리뷰 작성 등은 금전적 보상 없이 이루어지지만, 결과적으로 플랫폼의 체류 시간을 늘리는 데 기여한다. 예컨대 게임 커뮤니티에서 이용자가 만든 공략이나 패치 분석 글은 플랫폼과 게임사의 부가가치를 높이지만, 작성자는 보상을 받지 않는다.

여섯째, 자원봉사자(volunteer)는 공익적 목적을 위해 자발적으로 기여하는 존재다. 위키피디아 편집자나 오픈소스 소프트웨어 개발자는 지식 공유와 공동체 기여라는 가치에 기반해 노동을 제공한다. 다만 이러한 기여가 기업 플랫폼이나 상업적 서비스에 재활용되는 경우, 자발성과 공익성의 경계가 흐려질 수 있다는 문제도 제기된다.

일곱째, 허술한 사람(dupe)은 자신이 착취당하고 있음을 인식하지 못한 채 무임노동에 노출되는 존재다. 이들은 플랫폼의 이용 약관이나 데이터 처리 방식에 대한 이해 부족, 또는 관심의 결여로 인해 자신의 행위가 경제적 가치로 전환되고 있다는 사실을 인식하지 못한다. 예를 들어, 무료 앱 사용 과정에서 위치 정보 · 건강 정보 ·

소비 패턴이 자동 수집되어 제3자에게 제공되거나 광고에 활용되지만, 이용자는 이를 단순한 '편의 제공'으로만 인식하는 경우가 많다.

플레이버(Playbor): 놀이와 노동의 경계

플레이버의 개념

디지털 시대의 노동 문화를 설명하는 개념으로 '플레이버(playbor)'가 제시된다(Kücklich, 2005). 플레이버는 오락(play)과 노동(labor)을 결합한 용어로, 본래 가상세계 내부에서만 존재하는 아이템이나 자원을 획득 · 유지하기 위해 투입되는 실제 노동을 가리킨다. 온라인 동영상 공유 플랫폼을 중심으로 이루어지는 콘텐츠 창작 활동 역시 이러한 플레이버의 개념으로 설명할 수 있다. 특히 소셜 미디어는 여가와 오락의 영역으로 인식되는 경우가 많기 때문에, 디지털 노동이 수익화되는 과정은 일과 오락 사이의 경계를 더욱 모호하게 만든다.

노동과 놀이의 혼재가 초래하는 문제

플랫폼 크리에이터의 콘텐츠 창작은 초기에는 자율적인 '놀이'로 출발하지만, 정기적인 업로드 요구와 조회수 ·

구독자 수 중심의 평가 구조 속에서 점차 지속적인 노동으로 전환된다. 알고리즘 변화에 따른 노출과 수익의 불확실성은 창작 활동을 상시적 경쟁과 자기 관리의 대상으로 만들며, 스트레스와 부담을 강화한다. 이러한 환경에서 장시간 노동이 지속될수록 무력감, 고립감, 탈인격화, 낮은 성취감 같은 부정적 정서가 누적된다. 이는 노동과 놀이의 경계가 모호해진 플랫폼 환경에서, 창작 주체가 스스로를 끊임없이 동원·관리해야 하는 구조적 조건이 심리적 소진으로 이어질 수 있음을 시사한다.

크리에이터 노동의 실태

노동 과정의 특성

크리에이터의 노동은 기획, 촬영, 편집, 업로드, 홍보, 댓글 관리 등 전 과정을 혼자 수행하는 경우가 많다. 510분 분량의 영상을 촬영하는 데 약 23시간이 소요되며, 유명 채널의 경우 주 2~3개 이상의 영상을 업로드한다. 콘텐츠의 질적 향상을 위한 노력, 책임감과 자기 관리의 발현, 구독자와의 관계 형성 및 소통 노동 등 창의 노동의 특성이 발견된다.

보상 구조의 불안정성

크리에이터 수익은 광고 수익, 협찬, 후원 등으로 구성되지만, 대다수는 최저임금에도 미치지 못하는 수익을 올린다. 소수의 성공 사례가 다수의 무보상 노동을 유인하는 '탐광자' 모델이 작동하고 있다.

참고문헌

교육부·한국직업능력개발원(2022). "2022년 초·중등 진로교육 현황조사".

박진선(2020). "1인 미디어 크리에이터의 노동 과정에 관한 연구: 좋은 노동과 나쁜 노동의 관점에서". 《한국방송학보》, 34(5), 77~115쪽.

Fast, K. et al(2016). Metaphors of free labor. In Daubs, M. S. & Manzerolle, V. R.(Eds.),

Hesmondhalgh, D. & Baker, S.(2011). *Creative labour: Media work in three cultural industries*. Routledge.

Kücklich, J.(2005). Precarious playbour: Modders and the digital games industry. *Fibreculture Journal, 5*.

Mobile and Ubiquitous Media: Critical and International Perspectives(pp.195~212). New York: Peter Lang.

Terranova, T.(2000). Free labor: Producing culture for the digital economy. *Social Text, 18*(2), pp.33~58.

08
인플루언서와 플랫폼 경제

인플루언서는 플랫폼 경제에서 개인의 브랜드 정체성을 상품화하며 영향력을 행사하는 핵심 행위자다. 이들은 브랜드 정체성이 반영된 콘텐츠를 통해 팔로워의 인식과 소비 행태에 영향을 미치고, 플랫폼은 이를 알고리즘 추천과 데이터 기반 노출을 통해 수익화한다. 그러나 인플루언서 경제는 알고리즘 종속에 따른 불안정성, 디지털 후원 시스템의 사행성, 미성년자 고액 후원과 키즈 유튜버의 권익 침해 등 다양한 윤리적 쟁점을 내포한다.

AI와 인재 채용?

인플루언서의 개념과 유형

인플루언서(influencer)는 소셜 네트워크 서비스에서 수천 명에서 수백만 명에 달하는 팔로워를 보유하여, 이들의 구매 결정에 영향을 줄 수 있는 사람을 지칭한다(Abidin, 2018).

인플루언서는 일반적으로 구독자 · 팔로워 수를 기준으로 유형화된다. 메가 인플루언서는 100만 명 이상을 보유한 계정으로 연예인에 준하는 대중적 영향력을 행사한다. 매크로 인플루언서는 10만 명 이상 100만 명 미만을 보유하며, 특정 분야의 전문성을 바탕으로 넓은 도달 범위와 신뢰도를 동시에 확보한다. 마이크로 인플루언서는 1만 명 이상 10만 명 미만의 계정으로, 팔로워와의 상호작용이 활발하고 취향 중심의 영향력이 두드러진다. 나노 인플루언서는 1만 명 미만으로 규모는 작지만, 특정 커뮤니티 내에서 밀접한 관계와 신뢰를 기반으로 영향력을 발휘한다.

인플루언서: 디지털 시대의 인간 광고판

인플루언서 마케팅은 인플루언서의 영향력을 활용해 브랜드 메시지를 콘텐츠 형태로 전달하는 마케팅 방식이다. 이용자들이 전통 매체의 일방적 광고보다 개인의 경험과 추천을 중시하게 되면서, 연예인을 활용한 기존 마케팅 방식은 한계를 드러내게 되었다. 반면 인플루언서 마케팅은 팔로워와 지속적으로 소통하는 개인을 매개로 진정성 있는 메시지를 전달한다는 점에서 차별성을 가진다(Khamis et al., 2017). 기업의 관점에서도 비교적 낮은 비용으로 명확한 타깃층에 접근하고, 반응을 즉각적으로 측정할 수 있어 효과적인 전략으로 자리 잡았다.

인플루언서는 그 자신의 라이프스타일과 가치관을 일관되게 드러내며 개인의 정체성 자체를 하나의 브랜드로 체화한다. 브랜드 정체성 · 일체성의 내면화는 인플루언서 활동을 특징짓는 핵심 요소 중 하나다. 특히 유튜브와 같은 영상 기반 플랫폼은 서사적 콘텐츠와 반복 노출을 통해 브랜드 정체성을 효과적으로 확산시키고, 이용자 유입 확대와 매출 증대까지 연결될 수 있는 구조를 제공한다.

알고리즘 추천 시스템과 인플루언서

인플루언서의 성공은 플랫폼 알고리즘에 의한 가시성에 크게 의존한다. 유튜브, 인스타그램, 틱톡의 추천 알고리즘은 어떤 콘텐츠가 더 많은 사람에게 노출될지를 결정하며, 인플루언서들은 이에 최적화된 콘텐츠를 생산하기 위해 트렌드 분석, 업로드 시간 조정, 시청 유지율을 높이는 편집 기법 등을 적용한다.

그러나 인플루언서들은 플랫폼 알고리즘에 종속되어 있다는 문제가 있다. 알고리즘 변경으로 노출이 급감하면 수익도 급락하고, 알고리즘이 선호하는 콘텐츠를 생산해야 한다는 압박을 받기도 한다. 플랫폼은 알고리즘의 작동 원리를 공개하지 않기 때문에 인플루언서들은 불투명한 규칙 속에서 콘텐츠를 제작해야 한다.

디지털 화폐 후원 시스템의 문제점

별풍선, 슈퍼챗 등 후원 시스템

SOOP(구 아프리카TV)의 '별풍선', 유튜브의 '슈퍼챗', 인스타그램의 '하트 배지', 트위치의 'Bits'와 같은 디지털 화폐 기반 후원 시스템은 1인 미디어 플랫폼의 핵심 수익 모델로 자리 잡았다. 특히 SOOP의 경우 BJ(브로드캐스팅 자키)가 시청자로부터 받는 별풍선 수익이 전체 매출의 약 80%에 달하는 것으로 알려져 있다. 이러한 후원 시스템은 시청자와 창작자 간의 직접적인 경제적 연결을 가능하게 한다는 점에서 긍정적이지만, 동시에 수익 편중, 과도한 경쟁, 관계의 상품화 등 여러 구조적 문제를 함께 내포하고 있다.

디지털 후원의 문제점

디지털 후원 시스템은 다음과 같은 문제점을 내포하고 있다. 첫째, 과도한 후원 유도로서, 창작자가 후원을 유도하기 위해 자극적인 퍼포먼스를 하거나 후원자에게 과도한 관심을 표현한다. 둘째, 미성년자 고액 후원으로서, 청소년들이 부모 몰래 수백만 원을 후원하는 사례가 발생하고 있다. 셋째, 수수료 구조로서, 플랫폼이 후원금의 상당 부분(30~50%)을 수수료로 가져간다. 넷째, 사행성 조장으로서, 후원 랭킹, 최고 후원자 표시 등이 경쟁적 후원을 유도한다.

아동 유튜버 노동의 윤리적 쟁점

키즈 유튜브의 성장과 문제 제기

키즈 유튜브는 오늘날 유튜브 생태계에서 거대한 콘텐츠 영역이자 수익 시장으로 성장하였다. 아동이 출연하는 먹방, 장난감 리뷰, 일상 브이로그, 상황극 등은 높은 조회수와 광고 수익을 창출하며 인기 장르로 자리 잡았다. 국내의 '보람튜브'를 비롯해 해외에서도 인기를 얻은 아동 유튜버 사례로 키즈 콘텐츠는 글로벌 산업의 한 축으로 자리매김하고 있다.

그러나 이러한 성장과 함께 키즈 유튜브는 아동 보호의 사각지대에 놓여 있다는 비판도 제기된다. 콘텐츠 제작과 출연 과정에서 아동의 일상과 감정, 사생활이 반복적으로 노출되고, 인기와 수익 유지를 위한 촬영과 연출이 구조화되면서 아동의 권익과 복지에 대한 윤리적 쟁점이 부각되고 있다.

놀이의 외피를 쓴 아동 노동: 키즈 유튜브

정익중 외(2020)는 유튜브 상위 100위 내 아동 출연 채널의 영상 788편을 분석한 결과, 진정한 아동 놀이의 조건을 모두 갖춘 사례가 단 한 건도 없었음을 밝혀냈다. 연구진은 영상 속 아이들의 활동을 놀이가 아닌 '노동'으로 규정하며, 온라인 콘텐츠가 겉보기에는 일상 기록이나 체험의 형식을 띠지만 실질적으로는 조회수와 광고 수익을 목적으로 하는 경제 활동임을 지적했다. 이는 아동의 시간과 감정을 수익화하는 과정에서 촬영의 강제성, 성과 중심의 반복 촬영, 사생활 노출 등의 문제를 야기하며, 아동의 휴식권과 자기결정권을 침해할 위험을 내포한다.

이러한 맥락에서 SNS와 영상 플랫폼에서의 아동 출연은 단순한 가족 활동이나 자발적 참여를 넘어, 아동의 시간과 감정, 신체적 · 정서적 노력을 수익화하는 구조 속에 놓일 위험을 내포한다. 촬영 일정에 따른 놀이의 강제성, 성과 중심의 반복 촬영, 사생활의 과도한 공개, 부모나 플랫폼의 수익 기대에 따른 압박 등은 아동의 휴식권과 자기결정권을 침해할 소지가 있다.

아동 권리 침해의 유형

아동이 출연하는 온라인 콘텐츠 제작 과정에서는 다양한 형태의 권리 침해가 발생할 수 있다.

첫째, 노동시간 제한의 부재다. 아동 유튜버의 활동은 주로 가정 내에서 이루어져 공식적인 노동시간 규제가 적용되지 않으며, 연구에 따르면 아동 출연 채널은 한 달 평균 7.3개, 많게는 12.75개의 영상을 제작하는 것으로 나타났다. 둘째, 쉴 권리와 놀 권리의 침해다. 촬영이 일상과 혼재되면서 휴식과 자발적 놀이의 시간이 잠식되고, 놀이처럼 보이는 활동조차 수익 창출을 위한 과업으로 전환된다. 셋째, 자극적 콘텐츠 연출의 위험이다. 조회수 확보를 위해 과도한 감정 표현, 위험한 활동, 수치심이나 공포를 유발하는 장면이 연출되면서 아동이 유해한 상황에 노출될 가능성이 높아진다. 넷째, 학대 가능성이다. 연구 결과에 따르면 분석 대상 영상 중 약 3.24%에서 아동학대 정황이 확인되었으며, 방임 42.3%, 정서적 학대 34.4%, 신체적 학대 23.3%의 비율을 보였다. 다섯째, 재산권 보호의 미비다. 국내에는 아동 출연 수익의 귀속에 관한 제도적 장치가 마련되어 있지 않다. 반면 미국의 쿠건법(Coogan Law)은 미성년자 수익의 일정 비율(일반적으로 15%)을 신탁 계좌에 예치하여 성인이 된 후 본인이 사용할 수 있도록 규정하고 있으며, 오늘날 아동 유튜버에게도 적용되고 있다. 이와 비교할 때 국내의 아동 콘텐츠 제작 환경은 권익 보호 측면에서 뚜렷한 공백을 안고 있다.

법적 보호의 공백

한국의 법제도는 원칙적으로 아동 노동을 엄격히 제한하고 있다. 국제노동기구(ILO) 관련 협약과 근로기준법에 따르면 만 15세 미만 아동은 원칙적으로 노동에 종사할 수 없으며, 대중문화예술산업발전법 역시 아동·청소년 연예인의 노동시간과 활동 조건을 일정 범위 내에서 규제하고 있다. 그러나 이러한 법적 보호 장치는 주로 전통적인 고용 관계나 연예 산업을 전제로 설계되어 있어, 유튜브와 같은 온라인 플랫폼에서 활동하는, 이른바 '키즈 유튜버'의 경우에는 명확히 적용되지 않는 한계를 지닌다. 특히 어린이가 출연하는 유튜브 채널은 부모가 콘텐츠 기획자이자 촬영자, 관리자인 동시에 법적 보호자의 지위를 함께 갖는 경우가 많다. 이로 인해 아동의 노동 강도나 출연 환경이 적절한지 여부를 외부에서 감시하거나 착취 · 학대 가능성을 제재하는 데 구조적인 어려움이 발생한다.

방송미디어통신위원회(구 방송통신위원회)는 이러한 문제의식을 바탕으로 2020년 "인터넷 개인방송 출연 아동 · 청소년 보호지침"을 발표하였다. 해당 지침은 아동의 출연 동의, 학습권 · 휴식권 보장, 과도한 노출 방지 등을 권고하고 있으나, 법적 강제력이 없는 자율 규범에 불과하다는 한계를 지닌다. 결국 지침의 이행 여부는 플랫폼 사업자나 보호자의 자발적 준수에 의존할 수밖에 없어, 키즈 유튜버를 둘러싼 아동 권익 보호의 실효성은 여전히 낮은 수준에 머물러 있다는 평가다(방송통신위원회, 2020).

해외의 아동 보호 입법 사례

해외에서는 아동 인플루언서의 활동을 경제적 · 노동적

활동으로 인식하고, 권익 보호를 위한 입법과 제도적 논의를 확대하고 있다. 이러한 논의는 아동의 노동 보호, 수익 귀속의 공정성, 과도한 상업화 및 착취 방지에 초점을 맞추고 있다.

프랑스는 2020년 세계 최초로 아동 인플루언서 보호법(Loi n° 2020-1266)을 제정하여, 16세 미만 아동의 상업적 콘텐츠 출연에 대해 행정 허가와 근로시간 제한을 부과하고, 수익 일부를 성년까지 인출할 수 없는 예치 계좌(Caisse des dépôts)에 적립하도록 규정하고 있다.

미국에서는 전통적으로 아역 배우 보호를 위한 쿠건법(Coogan Law)이 적용되어 왔으며, 캘리포니아주는 2024년 아동 콘텐츠 크리에이터 보호법(SB 764)을 제정하여 부모가 운영하는 계정에 등장하는 아동도 보호 대상에 포함시키고, 수익의 신탁 적립과 성년 후 콘텐츠 삭제 요청권을 인정하였다. 이러한 규제는 장난감 리뷰 영상으로 세계적 수익을 창출한 라이언 카지(Ryan Kaji)와 같은 키즈 유튜버 사례를 주요 문제의식으로 삼아 발전해 왔다.

영국은 단일 법률은 없으나 의회 산하 디지털 · 문화 · 미디어 · 스포츠위원회(DCMS Committee)가 아동 인플루언서의 노동 실태를 조사하며 입법적 대응을 권고하고 있다.

독일은 청소년미디어보호위원회(KJM)를 중심으로 기존 청소년보호법(Jugendmedienschutz)을 활용한 간접 규율 방식을 취하면서, 부모의 책임 강화와 플랫폼 협력 의무에 관한 논의를 확대하고 있다.

이러한 해외 논의는 공통적으로 아동 인플루언서를 독립적인 권리 주체로 인식하고, 수익의 공정한 귀속, 과도한 노동과 착취 방지, 플랫폼과 부모의 책임 명확화, 디지털 환경에 특화된 아동 노동 규율을 핵심 과제로 설정하고 있다.

플랫폼 경제의 윤리적·제도적 과제

인플루언서 경제의 확산은 창작의 기회와 시장의 효율성을 높이는 긍정적 효과를 가져왔으나, 동시에 플랫폼 생태계 전반의 신뢰와 공정성을 훼손할 수 있는 다양한 윤리적 · 제도적 과제를 동반하고 있다. 건강하고 지속가능한 플랫폼 경제 환경을 조성하기 위해서는 다음과 같은 핵심 쟁점에 대한 종합적 대응이 요구된다. 첫째, 광고와 협찬의 투명성 확보다. 인플루언서 콘텐츠는 개인의 의견과 상업적 메시지가 혼합되는 특성을 지니므로, 협찬 · 광고 여부를 명확히 표시하지 않을 경우 이용자를 기만할 위험이 크다. 이에 따라 협찬 · 광고 콘텐츠에 대한 명확한 고지 의무를 강화하고, 「표시 · 광고의 공정화에 관한 법률」에 따른 집행과 플랫폼 차원의 관리 책임을 병행할 필요가 있다. 둘째, 가짜 팔로워 및 허위성의 영향력 문제다. 팔로워 · 조회수 · 좋아요를 인위적으로 구매하거나 조작하는 행위는 광고 시장의 공정한 경쟁을 왜곡하고 플랫폼 신뢰를 훼손한다. 이러한 행위에 대해서는 불공정 거래 또는 기만적 표시로서의 규제 가능성을 명확히 하고, 플랫폼 사업자에게도 탐지 · 차단 의무를 부과하는 제도적 보완이 요구된다. 셋째, 미성년자 보호의 강화다. 아동 · 청소년 인플루언서는 노동과 놀이의 경계가 불분명한 환경에서 활동하는 경우가 많아 과도한 노동, 수익 착취, 정서적 학대 위험에 노출될 수 있다. 아동 유튜버의 노동 시간 제한, 수익의 보호 및 귀속, 학습권과 휴식권 보장을 위한 별도의 보호장치가 필요하며, 부모와 플랫폼의 책임을 명확히 하는 제도 설계가 요구된다. 넷째, 알고리즘 투명성과 공정성 문제다. 추천 알고리즘은 인플루언서의 노출, 수익, 생존 가능성에 결정적인 영향을 미치지만, 그 작동 원리와 변경 기준은 대체로 불투명하다. 알고리즘에 대한 최소한의 설명 가능성을 확보하고, 일방적 변경으로 인한 과도한 종속을 완화함으로써 창작자와 플랫폼 간의 정보 비대칭을 줄일 필요가 있다. 다섯째, 후원 및 수익화 시스템에 대한 규율이다. 실시간 후원이나 구독 모델은 창작자에게 중요한 수입원이 될 수 있으나, 미성년자의 고액 후원이나 감정적 압박을 통한 과도한 후원 유도는 소비자 보호 측면에서 문제를 야기할 수 있다. 특히 미성년 이용자를 대상으로 한 결제 한도 설정, 후원 구조의 투명화, 과도한 유도 행위에 대한 제한이 검토되어야 한다.

참고문헌

공정거래위원회, 표시·광고의 공정화에 관한 법률 해설.

「근로기준법」, 법률 제20520호, 2024. 10. 22. 일부개정.

「대중문화예술산업발전법」, 법률 제19534호, 2023. 7. 11. 일부개정.

문화체육관광부, 대중문화예술인(청소년) 권익 보호 제도 안내.

방송통신위원회(2020). "인터넷개인방송 출연 아동·청소년 보호지침".

정익중 외(2020). "유튜브 속 아이들의 놀이는 놀이가 아니다: 아동 출연 유튜브 채널의 노동 특성 분석". 《한국아동복지학》, 69(3), 1~31쪽.

「표시·광고의 공정화에 관한 법률」, 법률 제20327호, 2024. 2. 20. 일부개정.

Abidin, C.(2018). *Internet celebrity: Understanding fame online*. Emerald Publishing.

California Family Code § 6752 (Coogan Law).

Khamis, S. et al.(2017). Self-branding, 'micro-celebrity' and the rise of social media influencers. *Celebrity Studies, 8*(2), pp.191~208.

Loi n° 2020-1266 du 19 octobre 2020 visant à encadrer l'exploitation commerciale de l'image d'enfants de moins de seize ans sur les plateformes en ligne. [French Law on Child Influencers]

09
AI와 노동시장 구조 변화

인공지능(AI)은 사고와 판단까지 외주화하는 '지능 아웃소싱 전환'을 통해 노동시장 구조를 근본적으로 재편하고 있다. 이러한 변화는 저숙련 일자리보다 법률 · 회계 · 의료 등 고학력 · 고소득 전문직의 반복적 · 초기 업무를 중심으로 대체를 확산시키며, 신입 채용 축소와 직무 재편을 동반하고 있다. 동시에 빅테크 기업들은 조직을 경량화하는 한편 AI 핵심 인력과 역량에 자원을 집중하고 있다. 결국 AI 시대의 노동시장 변화는 단순한 일자리 감소가 아니라 숙련 형성 · 보상 구조 · 교육 체계 전반의 재구성을 요구하는 문제다.

AI와 기자?

지능 아웃소싱 전환과 노동시장

인공지능(AI)과 로봇 기술의 발전은 단순 자동화를 넘어 사고·판단·문서 생산 자체를 외주화(아웃소싱)할 수 있는 환경을 만들고 있다. KDI 연구에 따르면, 인공지능 모형은 컴퓨터 비전과 자연어 처리 분야에서 대부분 평균적인 인간 수준을 능가하며, 일부 분야에서는 최고 전문가 수준에 도달하기도 하였다(한국개발연구원, 2024).

AI 기술이 노동시장에 미치는 이중적 영향

AI 기술은 노동시장에 양면적 영향을 미치며, 그 효과는 직업 전체보다 직업 내 특정 과업 수준에서 차별적으로 나타난다.

긍정적 영향으로는 생산성 증대(AI 고노출 산업의 생산성 성장률 4배 증가, 완전 도입 시 선진국 노동생산성 15% 향상 추정, PwC, 2025; Briggs & Dong, 2025), 새로운 일자리 창출(2030년까지 1.7억 개 창출로 9200만 개 감소 상쇄 전망, World Economic Forum, 2025), 정형 과업의 자동화를 통한 고부가가치 업무 집중(Hampole et al., 2025), AI 숙련 근로자의 임금 프리미엄(평균 56%, 전년 대비 2배 이상 상승, PwC, 2025) 등이 제시된다.

부정적 영향으로는 제조업·저숙련 서비스업·중간숙

련 및 비STEM 직종 중심의 대체 위험(Huang, 2024), AI 활용 가능 여부에 따른 양극화와 중산층 축소(Georgieva, 2024), 초기 경력자(22~25세)의 고용 취약성(소프트웨어 개발 · 고객 서비스 · 사무직 등) (Brynjolfsson et al., 2025), 데이터 · 알고리즘을 소유 · 관리하는 주체로 성과가 집중되면서 나타나는 소득 · 자산 격차 확대, 요구 기술의 급속한 변화(AI 노출 직종에서 66% 더 빠른 기술 변화, PwC, 2025) 등이 지적된다. 또한 여성의 AI 노출 직종 집중으로 전환 압박의 성별 격차 가능성도 제기된다(Gmyrek et al., 2023).

현재까지 AI의 광범위한 노동시장 교란은 뚜렷하게 관찰되지 않았으나(Gimbel et al., 2025), 기술 변화의 파급은 장기간에 걸쳐 누적되는 경향이 있다. 따라서 사회 안전망 강화, 취약 근로자 재훈련, 기술 격차 해소를 위한 교육 투자 등 선제적 대응이 요구된다(Georgieva, 2024).

AI 노출 지수와 직업별 대체 위험 평가

AI 노출 지수(AI Exposure Index)의 개념

AI 노출 지수는 현재 AI로 수행 가능한 업무가 해당 직업 업무에서 차지하는 비중을 나타내는 지표다. 에드 펠튼

(Ed Felten)의 'AI 직업 노출도'에 기반해 한국은행 조사국 고용분석팀이 2023년 11월 'AI와 노동시장 변화'에서 한국 직업의 AI 노출 지수를 산출하였다(한국은행, 2023). 노출 지수가 높을수록 대체 가능성이 크다는 의미다.

AI 노출 지수 산출 방법

산출은 직업의 직무 설명과 AI 관련 특허 제목 간 중복 정도를 파악하고, 직무별 가중치를 반영해 지수를 계산하는 방식이다. 이는 Webb(2019)의 특허-직무 비교 방법론에 기초한다.

한국의 AI 노출 지수 분석 결과

한국은행 분석에 따르면, 국내 취업자 약 341만 명(전체의 12%)이 AI 대체 가능성이 높은 상위 20% 직업군에 속한다. 고노출 직업군에는 화학공학 · 금속재료공학 기술자, 발전 · 상하수도 · 재활용 처리 장치 조작원, 철도 및 전동차 기관사 등 기술 직종과 함께 법률 · 의료 · 회계 · 자산 운용 분야 전문직이 포함된다. 반면 음식 · 식음료 서비스, 상품 대여 · 운송 등 대면 · 현장성이 큰 직종과 대학교수 · 강사, 기자, 종교 관련 종사자, 성직자, 가수 · 성악가 등 고도의 인간적 판단 · 창의성이 요구되는 직종은 상대적으로 낮게 나타났다.

산업별 AI 노출도 특성

산업별로는 정보통신업, 전문 과학기술, 제조업 등 생산성이 높은 산업에서 노출 지수가 높았고, 숙박 음식업, 도소매업, 예술 · 스포츠 · 여가 등 대면 서비스업은 낮았다.

고학력·고소득 전문직의 AI 대체 가능성

기존 자동화와 AI 자동화의 차이

종래 산업용 로봇 · 소프트웨어는 저학력 · 중간 소득 근로자에 더 큰 영향을 미쳤다면, AI는 비반복적 · 인지적 업무를 수행하는 고학력 · 고소득 직무에 대체 압력을 확대한다. Webb(2019)은 로봇 · 소프트웨어 노출 직업군이 저 · 중숙련 중심인 반면, AI 노출 직업군은 고숙련 중심임을 보여 준다.

전문직의 AI 대체 위험과 역할 재편

AI 노출 지수 분석에서 일반 의사 · 전문의는 상위 7%, 회계사 · 자산 운용 전문가는 상위 19%, 변호사는 상위 21%로, 다수 전문직이 높은 영향권에 있다. 이는 대규모

데이터 기반의 정형 지식 처리 · 분석 비중이 높아 AI를 통한 효율화 · 자동화가 용이하기 때문이다. 이에 따라 기업 · 기관은 고비용 초급 전문직보다 저비용 AI 시스템 활용으로 인력 전략을 전환하고 있으며, 법률 · 회계 · 의료 현장에서는 리서치, 초안 작성, 회계 처리, 영상 판독 등 반복 · 초기 업무를 중심으로 대체가 확산되고, 저연차 채용 감소와 직무 재편이 본격화되고 있다(주간조선, 2025). 다만 복잡한 맥락 판단, 최신 정보 종합, 윤리적 판단, 최종 책임은 인간 전문가의 영역으로 남는다. 오히려 AI 활용이 확대될수록 오버 트러스트(over-trust) 위험(AI의 판단을 비판 없이 신뢰해 오류와 책임을 기술에 맡기는 구조적 위험을 의미)이 커지면서, 결과를 검증하고 책임지는 전문직의 역할이 중요해진다. 결국 전문직의 경쟁력은 지식 보유 자체보다 AI를 활용 · 검증 · 관리하며 책임질 수 있는 역량으로 이동하며, 전문직은 소멸이 아니라 역할 재정의 국면에 들어설 것으로 전망된다.

GPT와 전문직

통계청이 발간한 "한국의 사회동향 2024" 분석에서는 인공지능(AI)과 GPT 기술에 대한 직업별 노출도 지표를 산출하고, 이를 성별 · 연령 · 임금 수준 · 근속연수 등 개인 특성과 결합하여 노동시장 영향을 분석하였다. 그 결과 GPT 노출도는 AI 노출도와 전반적으로 유사한 분포를 보였으며, 사무직을 중심으로 고임금 계층과 중년 연령층에서 상대적으로 높은 노출 비율이 나타났다. 특히 여성, 30~44세, 근속 5~9년, 고임금 집단에서 AI 및 GPT 노출도가 높게 나타나는 경향이 관찰되었다(통계청, 2024).

직무 유형별로는 사무직이 가장 큰 잠재적 영향을 받는 직군으로 분석되었으며, 관리직은 AI 노출도가, 전문직은 GPT 노출도가 상대적으로 더 높은 특징을 보였다. 또한 GPT의 활용을 통해 업무 보완 효과가 기대되는 직업의 비중은 한국이 비교적 높은 수준으로 나타나, 생성형 AI가 노동시장에서 단순 대체뿐 아니라 직무 재구성과 생산성 향상이라는 이중적 효과를 가질 가능성이 시사되었다. 이러한 결과는 AI 및 GPT 기술이 노동시장 내 모든 집단에 균등하게 작용하기보다 직무 특성과 인구집단에 따라 차별적인 영향을 미칠 수 있음을 보여 준다.

빅테크 기업의 인력 재배치와 주목 경제: 구조조정·인재 경쟁·격차 확대 메커니즘

2026년 글로벌 테크 산업 구조조정과 인력 재편의 구조적 의미

2025년부터 2026년 초까지 이어지고 있는 글로벌 테크 산업의 대규모 감원은 단기적인 경기 둔화에 따른 비용 절감이나 일시적 인력 축소로만 해석하기 어렵다. 감원의 규모와 반복성, 그리고 감원과 동시에 진행되는 투자 방향을 종합적으로 고려할 때, 이는 AI 중심 사업 구조로의 전환을 전제로 한 조직 체질 개선과 인력 재설계 과정으로 이해하는 것이 보다 타당하다.

독립적인 해고 추적 플랫폼인 Layoffs.fyi에 따르면, 2025년 한 해 동안 전 세계 480개 이상의 테크 기업에서 12만 명이 넘는 인력이 감원되었다(Layoffs.fyi, 2025). 이러한 감원 흐름은 2026년 초에도 이어졌다. Amazon은 2026년 1월 말, 운영 효율화와 AI 투자 재원 확보를 명시적 이유로 약 1만 6000명 규모의 추가 감원 계획을 발표했으며(AP News, 2026.01.28), Pinterest 역시 같은 시기 전체 인력의 약 15%를 감축하면서 절감된 비용을 시각적 AI 검색 및 추천 기술 고도화에 재투자하겠다는 방침을 공식화했다(Reuters, 2026.01.27).

최근 구조조정의 특징은 감원 대상이 단순한 지원 부서에 국한되지 않는다는 점에서 과거와 뚜렷이 구별된다. 마케팅 · 인사 · 고객 지원을 넘어, 레거시 소프트웨어 유지 · 보수 중심의 엔지니어링 직군까지 구조조정 대상에 포함되면서, 기존 기술 스택을 전제로 한 조직 구조가 해체되고 AI · 데이터 · 클라우드 중심의 인력 구성으로 재편되는 흐름이 강화되고 있다. 이는 현재의 감원이 단순한 인력 축소가 아니라 기술 전환을 전제로 한 조직 재구성에 가깝다는 점을 보여 준다.

한편, 대규모 감원과 동시에 AI 핵심 인력에 대한 확보 경쟁은 오히려 더욱 치열해지고 있다. 전체 고용 시장에서는 채용 둔화와 인력 감축이 나타나는 반면, 상위 수준의 AI 연구자, 시스템 아키텍처 설계자, LLM 운영 및 인프라 전문 인력에 대해서는 예외적으로 높은 보상이 형성되고 있다. 업계 보도에 따르면, 상위 1% 수준의 AI 인재는 기본급과 스톡옵션을 포함해 연간 150만~300만 달러에 이르는 보상 패키지를 제시받는 사례도 확인되고 있다(WebProNews, 2025).

채용 구조의 변화 역시 이러한 흐름을 뒷받침한다. HeroHunt가 발간한 "The Hiring Economy 2025 Annual Report"에 따르면, 전통적인 풀스택 · 모바일 개발직 채용 수요는 전년 대비 감소한 반면, LLM 운영(LLM Ops), AI 보안, 모델 인프라 관련 전문 직무 수요는 큰 폭으로 증가한 것으로 나타났다(HeroHunt, 2025). TechStock² 의 분석에서도 AI 관련 직무와 비AI 기술 직무 간 임금 격차가 2024년 대비 크게 확대된 것으로 보고된다 (TechStock², 2025).

이러한 양극화는 거시적 임금 지표에서도 확인된다. PwC(2025)에 따르면, AI 노출도가 높은 산업군은 그렇지 않은 산업군보다 임금 상승률이 더 빠르게 나타나며, AI 기술을 보유한 근로자는 동일 직무 내에서 평균 56%의 임금 프리미엄을 누리고 있는 것으로 분석되었다. 또한 AI 역량에 대한 수요는 비AI 역량에 비해 약 66% 더 빠른 속도로 증가하고 있다(PwC, 2025). 이는 기업들이 전체 인건비 총량은 관리·억제하는 동시에, AI 경쟁력을 좌우하는 소수 핵심 인력과 핵심 역량에는 자원을 집중하는 전략을 채택하고 있음을 보여 준다.

이러한 맥락에서 대규모 감원과 AI 투자는 상반된 정책이 아니라 하나의 전략 안에서 병행되고 있다. 생성형 AI 도구의 확산으로 반복적·정형적 업무의 필요성이 구조적으로 감소하면서 조직은 경량화되고, 그 과정에서 절감된 인건비는 GPU 인프라 확충, 대규모 모델 학습, 데이터 파이프라인 구축 등 AI 중심의 고정비 투자로 전환되고 있다. 동시에 기업들은 AI 기술이 실험 단계를 넘어 실제 수익성과 경쟁력을 입증해야 하는 국면에 진입했다고 판단하며, 수익성이 낮거나 AI와의 결합 가능성이 제한적인 사업부를 정리하고 AI 기반 고부가가치 영역에 자원을 집중하고 있다.

결과적으로 2025년부터 2026년 초까지 이어진 글로벌 테크 산업의 구조조정은 단순한 고용 축소가 아니라, AI 중심 기업으로의 전환 과정에서 나타나는 구조적 재조정으로 평가할 수 있다. 감원은 비용 절감의 수단이면서 동시에 조직을 재설계하는 도구로 활용되고 있으며, 그 과정에서 노동시장 내부의 직무 가치와 보상 구조 역시 빠르게 재편되고 있다. 이는 AI 기술 경쟁이 기술 차원의 문제가 아니라 고용 구조와 분배 구조를 동시에 변화시키는 사회 경제적 전환 국면에 진입했음을 분명히 보여 준다.

주목 경제와 격차 확대: 고용 재편이 수익 모델과 결합

이러한 인력 재배치와 인재 집중 현상은 단순한 기술 경쟁의 결과만은 아니다. 빅테크 기업들의 수익 구조는 점차 개인화된 추천 시스템, 구독 모델, 광고 수익이 결합된 형태로 진화하고 있으며, 이 과정에서 이용자의 체류 시간과 상호작용 데이터가 핵심 자원으로 작동한다. 다시 말해, AI 기술은 단지 생산성을 높이는 도구가 아니라, 주목 경제를 강화하는 핵심 인프라로 기능하고 있다. AI 투자가 확대될수록 개인화 · 추천 · 구독 기반의 수익 모델은 더욱 정교해지고, 이러한 수익 모델의 성공은 다시 자본과 인재를 상위 기업으로 끌어당긴다. 축적된 자본과 인재는 추가적인 AI 투자로 이어지며, 이 과정에서 상위 기업의 시장 지배력은 더욱 강화된다. 기술 경쟁은 이처럼 수익 모델-자본 축적-인재 집중-추가 투자로 이어지는 순환 구조 속에서 고용 구조와 분배 구조를 동시에 재편한다. 이 결과 나타나는 격차는 단순한 소득 불평등을 넘어선다. 상위 빅테크 기업들은 모델, 데이터, 컴퓨팅 인프라를 빠른 속도로 확장할 수 있는 반면, 중소기업 · 신생기업 · 후발국은 동일한 조건으로 기술에 접근하기 어려워진다. 이러한 기술 접근성의 차이는 노동시장에서도 핵심 인력에 대한 보상 집중과 대체 가능한 직무에 대한 구조적 압박이라는 형태로 나타난다. 대규모 감원과 인재 쟁탈전이 동시에 전개되는 현상은, AI 중심의 기술 경쟁이 고용 기회와 보상의 분포 자체를 재구성하고 있음을 보여 주는 대표적인 사례라 할 수 있다.

초급 인력의 역설과 AI 시대 인재 양성

SignalFire(2025)에 따르면 빅테크 신입 채용 비중은 7%로 감소했으며(2019 대비 50% 이상 감소), Fortune은 초급 인력이 담당하던 분석 · 리서치 · 초안 작성 · 코딩 보조가 AI로 대체되며 진입 장벽이 높아진다고 지적한다(Fortune, 2025b). 이는 경기 요인만이 아니라 AI 확산과 효율 중심 경영의 결합으로, 기업이 "신입을 키우는 조직"에서 "숙련 인력을 선별 채용하고 나머지는 AI로 대체하는 조직"으로 재편되는 흐름으로 해석할 수 있다. 문제는 이러한 선택이 장기적으로 숙련 인력 재생산 붕괴, 고용 양극화, 소비 위축과 구조적 불황 위험, AI 중심 조직의 복원력 저하로 이어질 수 있다는 점이다. 이에 따라 교육은 변화하는 기술의 습득에 머무르기보다 인간이 축적해 온 경험과 판단, 책임의 능력을 강화하는 방향으로 재구성될 필요가 있다. 역사적 경험 속에서 기술과 도구는 반복적으로 바뀌어 왔지만, 그 변화를 해석하고 방향을 부여해 온 것은 철학을 통한 사유와 윤리적 성찰, 예술을 통한 감각과 공감의 확장이었으며, 이를 뒷받침해 온 기반은 수학 · 물리 · 화학 · 생물 등 기초 학문이 길러온 추상화와 논리적 사고였다. 여기에 더해, AI가 산출한 결과를 역사적 · 사회적 맥락 속에서 이해하고 철학적으로 검증하며 타인과 소통할 수 있는 AI 리터러시는, 인간 고유의 판단과 책임을 유지하기 위한 핵심 역량으로 자리 잡아야 한다.

AI 노출도·보완성에 따른 직업 유형 분류와 노동시장 함의

AI가 노동시장에 미치는 영향을 분석하기 위해 국제적으로는 직업을 AI 노출도와 AI 보완성에 따라 구분하는 분류 체계가 활용된다. AI 직업 노출 지수(AIOE)는 AI 기술 역량과 직업 수행에 필요한 인간 능력 간의 중첩 정도를 측정하는 지표로, 이후 산업 및 지역 수준으로 확장되어 활용되고 있다(Felten et al., 2021). 여기에 AI 보완성 개념을 결합해 직업을 HEHC(높은 노출 · 높은 보완), HELC(높은 노출 · 낮은 보완), LE(낮은 노출)로 분류하였으며(Pizzinelli al., 2023), 한국은 이를 한국 노동시장에 적용해 HEHC · HELC · LEHC · LELC의 네 유형으로 세분화했다(한국은행, 2025).

이 중 HEHC는 AI와의 협업을 통해 생산성과 소득을 높일 수 있는 직업군으로, AI 활용 능력과 인간의 최종 판단 · 책임이 결합되는 유형이다. 반면 HELC는 반복적 · 정형적 업무 비중이 높아 AI 대체 위험이 크고, AI와의 협업을 통한 역할 재구성도 어려운 고위험 직업군이다. LEHC는 AI의 직접적 대체 위험은 낮지만 AI 활용을 통해 업무 효율과 품질을 높일 수 있는 직업군이며, LELC는 AI의 영향과 보완 가능성이 모두 제한적인 단순·현장 중심 직업군이다.

한국에서는 국내 근로자의 약 27%가 HELC(위험 직업군)에 속하며, 약 24%는 HEHC로 분류된다(한국은행, 2025). IMF 분석에서도 선진국의 HELC 비중은 25.9~46.1%로 나타나 주로 소득 하위층에 집중되어 있으며, 이는 AI가 노동시장 양극화와 소득 불평등을 심화시킬 가능성을 시사한다(Cazzaniga et al., 2024). 또한 IMF의 Gen-AI: Artificial Intelligence and the Future of Work 보고서는 AI가 노동시장에 미치는 영향이 국가별·직무별로 상이할 가능성을 밝히며, 특히 고소득·고학력 근로자가 AI와 보완적 관계를 형성할 여지가 큰 반면, 전통적·단순 직무에 종사하는 저학력 근로자는 상대적으로 더 큰 도전에 직면할 수 있음을 지적한다. 한국은행의 노동시장 분석에서는 국내 근로자의 약 24%가 AI 도입으로 생산성 혜택을 받을 수 있는 고보완 직무군에 속하고, 약 27%는 AI 영향으로 부정적 영향을 받을 가능성이 큰 직무군에 해당한다고 평가했다. 이 분석은 여성, 청년

층, 고학력 · 고소득층이 AI 영향이 상대적으로 크며 위기와 기회가 공존하는 집단이라는 점을 보여 준다(한국은행, 2025). 한국개발연구원(KDI)의 연구 또한 AI 확산이 국내 노동시장의 구조적 변화와 불평등 문제를 유발할 수 있음을 지적하며, 교육 · 재훈련과 노동시장 유연성 강화의 필요성을 강조한다(KDI, 2023).

AI 시대 노동시장 정책 방향 제언

AI 시대에는 STEM 기술 수요와 함께 소프트 스킬(의사소통 · 팀워크 등)과 대면 · 맥락 판단 역량이 더욱 중요해질 가능성이 높다. 국회도서관(2024) 보고서는 AI로 인한 직무 변화에 대응하기 위해 맥락 판단, 협력 · 소통 능력, 직무 재교육의 중요성을 강조하며, 고임금 직업군으로의 이동을 지원하는 전환 프로그램 확대와 정교한 직업 매칭 정책의 필요성을 제기한다.

동시에 기업은 AI를 인건비 절감 · 효율화 수단으로 활용하며 신입 양성보다 숙련 인력 선별과 AI 대체를 강화할 수 있고, 이는 '양성 실패(training failure)' 위험을 낳는다. 정책적으로는 ①사회안전망 강화 ②평생 직업능력개발 체계 전환 ③기업의 AI 도입과 인력 양성 연계(예: 신입 채용 · 훈련 쿼터제 등 인센티브) ④균형 있는 노동시장 유연성 ⑤재직자 재교육 확대 등이 요구된다. 불가피한 고용 축소에 대비해 기본소득 또는 최소소득 보장 등 복지적 보완책도 병행 검토할 필요가 있다.

참고문헌

국회도서관(2024). AI 시대 노동시장 변화 및 직무·핵심 역량 재편 관련 정책자료. 국가전략정보포털(국회도서관).

주간조선(2025.11.2). "월 1000만원 신입 변호사 vs 월 10만원 AI… 당신이 사장이라면 누구를: AI가 바꾸는 전문직 지도".

통계청(2024). "한국의 사회동향 2024"(GPT와 노동시장, AI 노출도 분석).

한국개발연구원(KDI, 2023). 인공지능으로 인한 노동시장의 변화와 정책방향. (국내 노동시장 분석).

한국은행(2023). "AI와 노동시장 변화". 《BOK 이슈노트》, 2023-31.

AP News(2026.1.28). Amazon announces 16,000 job cuts amid AI investment push.

Briggs, J., & Dong, S.(2025.8.13). How Will AI Affect the Global Workforce?* Goldman Sachs Research.

Cazzaniga, M. et al.(2024). Gen-AI: Artificial intelligence and the future of work (IMF Staff Discussion Note SDN2024/001). International Monetary Fund.

Felten, E. et al.(2021). Occupational, industry, and geographic exposure to artificial intelligence: A novel dataset and its potential uses. Strategic Management Journal, 42(12), 2195~2217.

Gimbel, M., et al.(2025.10.1). Evaluating the impact of AI on the labor market: Current state of affairs. The Budget Lab at Yale.

Gmyrek, P. et al.(2023). Generative AI and jobs: A global analysis of potential effects on job quantity and quality(ILO Working Paper No. 96). International Labour Organization.

Hampole, M. et al.(2025). How artificial intelligence impacts the U.S. labor market. MIT Sloan Management Review.

HeroHunt(2025.12.1). The Hiring Economy 2025 Annual Report.

Huang, Y.(2024). The labor market impact of artificial intelligence: Evidence from U.S. regions (IMF Working Paper No. 2024/199). International Monetary Fund.

IMF.(2024). Gen-AI: Artificial Intelligence and the Future of Work (IMF Staff Discussion Notes No. 2024/001). International Monetary Fund.

Layoffs.fyi.(2025). Global Tech Layoffs Database.

Pizzinelli, C., et al.(2023). Labor market exposure to AI: Cross-country differences and distributional implications (ILO Working Paper No. 2023/216). International Labour Organization.

Pizzinelli, C., et al. (2024). Exposure to artificial intelligence and occupational mobility: A cross-country analysis (IMF Working Paper No. 2024/116). International Monetary Fund.

PwC.(2025). AI Jobs Barometer: Global Workforce Analysis.

Reuters.(2026, January 27). Pinterest cuts nearly 15% of workforce, redirects resources to AI.

TechStock^2 .(2025.12). AI Specialist Salaries Analysis 2025.

Webb, M.(2019). The impact of artificial intelligence on the labor market (Working Paper). Stanford University.

WebProNews.(2025.9.6). Tech Giants Battle for AI Talent with Multimillion-Dollar Offers.

10
AI 시대 플랫폼 노동 규범의 재구성

AI 기반 플랫폼의 확산은 노동의 조직과 관리 방식을 변화시키며, 기존 노동법 규범의 재구성을 요구하고 있다.
최근 대법원은 플랫폼 종사자의 근로자성을 인정하는 방향으로 판례를 발전시키며, 알고리즘에 의한 업무 배정과 평가 등 간접적 통제를 근로자성 판단의 중요한 요소로 제시하고 있다. 이 장은 이러한 판례 흐름을 토대로 근로자성 판단 기준의 재정립을 검토하고, 알고리즘 투명성 확보와 플랫폼 기업의 사용자 책임을 핵심 정책 과제로 논의한다.

AI와 미래 의사?

플랫폼 노동 규범 재구성의 이론적 기초

플랫폼 자본주의 이론

닉 서르닉(Nick Srnicek)은 《플랫폼 자본주의(Platform Capitalism)》에서 플랫폼을 광고 · 클라우드 · 산업 · 제품 · 린 플랫폼의 다섯 가지 유형으로 구분한다. 이 구분의 핵심은 플랫폼이 어떤 자원과 기능을 시장에 판매해 수익을 창출하는가에 있다.

먼저 광고 플랫폼은 이용자 행동 데이터를 대규모로 수집 · 분석해 광고 타기팅을 고도화하고, 그 결과로 광고 지면과 노출을 판매하는 모델로, Google(검색 · 유튜브 포함)이나 Facebook/Instagram이 대표적이다. 클라우드 플랫폼은 기업 운영에 필요한 서버 · 스토리지 · 소프트웨어 등 디지털 인프라를 보유하고, 이를 사용량 또는 구독 방식으로 임대해 수익을 얻는다. Amazon Web Services나 Salesforce와 같은 사례에서 보듯, 이들은 디지털 경제의 기반 시설을 장악하고 지속적인 지대(rent)를 회수하는 구조를 형성한다. 산업 플랫폼은 제조 · 물류 · 설비를 인터넷에 연결(IoT)하고, 하드웨어 · 소프트웨어 · 데이터 분석을 결합해 생산 과정을 서비스화한다. GE와 Siemens는 설비의 작동 상태를 실시간으로 분석해 고장을 미리 예측하고, 생산 효율을 높이는 디지털 시스템을 운영하면서 산업 현장에서 발생하는 방대한 데이터를 축적한다. 이들은 이러한 시스템을 표준화된 소프트웨어와 서비스 형태로 제공함으로써, 마치 '공장용 앱스토어'처럼 생산 공정을 자사 플랫폼에 연결 · 종속시키는 구조를 강화하고 있다. 제품 플랫폼은 전통적인 일회성 제품 판매를 구독 · 사용료 기반 서비스로 전환해 수익을 창출한다. 예컨대 Rolls-Royce는 항공기 엔진을 '소유'가 아닌 '가동 시간' 기준의 서비스로 제공하고, Spotify는 접근권을 구독 형태로 판매한다. 이는 소유보다 접근을 판매하고, 사용 데이터를 통해 이용자를 장기적으로 잠그는 전략이다. 린 플랫폼은 자산 보유와 고정비를 최소화한 채 중개 · 매칭 기능에 집중하며, 노동과 서비스를 외주화한다. Uber, TaskRabbit, Airbnb, 배달의민족 등이며, 플랫폼은 평가 · 배차 · 수수료 등 규칙을 설계하는 반면, 비용과 위험은 참여자에게 이전되는 구조를 갖는다.

이처럼 서르닉의 유형론은 플랫폼 자본주의가 데이터 · 인프라 · 산업 공정 · 접근권 · 노동 중개라는 서로 다른 영역을 상품화하면서, 기술 변화 속에서 새로운 축적 경로를 형성하는 방식을 체계적으로 설명한다. 이러한 관점에서 플랫폼 노동 규범을 재구성하면, 플랫폼 기업은 스스로 주장하는 것처럼 단순한 '중개자'에 그치지 않고, 알고리즘과 데이터 통제를 통해 노동 과정에 실질적으로 개입하는 행위자로 기능할 수 있음을 시사한다. 플랫폼의 알고리즘 기반 업무 배정과 평가, 데이터 축적을 통한 이익 추출 구조는 전통적 고용 관계와 기능적으로 유사한 종속성을 형성할 수 있으며, 이는 법적 규율의 필요성을 도출한다. 영국 대법원의 Uber 판결(2021)이 계약 형식이나 '중개자'라는 명칭보다 실제 통제 구조와 노동 과정의 실질을 중시하여 사용자 책임을 인정한 것은, 이러한 플랫폼 자본주의 분석이 제시하는 문제의식과 조응하는 사례로 평가할 수 있다.

노동 과정 이론

해리 브레이버만(Harry Braverman)으로부터 출발한 노동 과정 이론(labor process theory)은 자본주의 체제에서 노동이 어떻게 조직·통제되고, 그 과정에서 숙련과 자율성이 약화되는지를 분석한다(Braverman, 1974). 브레이버만은 테일러주의적 과학적 관리법이 노동 과정에서 구상(conception)과 실행(execution)을 분리함으로써 노동자의 숙련과 판단 권한을 체계적으로 박탈한다고 비판하였다. 플랫폼 노동 환경에서 알고리즘 관리는 이러한 통제 논리를 디지털 기술을 통해 재구성한 형태로 이해할 수 있다. 알고리즘은 업무를 세분화·표준화하고, 최적 경로 지정이나 예상 소요 시간 산정 등 사전 설계된 규칙을 통해 노동 과정을 조직함으로써 노동자의 자율적 판단 범위를 제한한다. 이로써 전통적인 관리자에 의한 직접 감독이 약화되더라도, 노동 과정 전반은 알고리즘에 의해 구조적으로 통제된다. 노동 과정 이론은 이러한 알고리즘 기반 관리가 전통적 지휘·감독과 기능적으로 유사한 노동 통제 메커니즘으로 작동할 수 있음을 설명하는 데 유용하다. 플랫폼의 알고리즘과 평판 시스템이 업무 배정과 지속 여부에 영향을 미치는 경우, 사용자가 최종적인 결정 권한을 보유하고 있는 것으로 평가될 여지가 있다.

대리인 이론

대리인 이론(agency theory)은 자산의 소유자인 주인(principal)과 그로부터 의사 결정 권한을 위임받아 업무를 수행하는 대리인(agent) 사이에서 발생하는 정보 비대칭과 이해관계 불일치 문제를 분석하는 이론이다(Jensen & Meckling, 1976). 이 이론은 본래 기업 지배 구조 맥락에서 주주(주인)와 전문 경영인(대리인) 간의 관계를 설명하기 위해 발전하였으며, 주인이 대리인의 행동을 완전히 관찰·통제할 수 없을 때 발생하는 도덕적 해이와 대리 비용을 핵심 문제로 다룬다. 이때 정보 비대칭은 주로 주인과 대리인 사이에서 발생하며, 노동자는 관리 대상의 위치에 놓인다. 플랫폼 경제에서는 이러한 구조가 변형된 형태로 나타난다. 플랫폼 기업은 소유와 운영을 동시에 수행하면서, 전통적인 의미의 중간 관리자를 축소하거나 제거하고, 그 기능을 알고리즘 시스템에 위임한다. 이로써 알고리즘은 업무 배정, 성과 평가, 보수 산정, 제재 결정 등에서 사실상의 관리 대리인 역할을 수행하게 된다. 이 과정에서 플랫폼 기업은 알고리즘의 설계·운영 정보를 독점하고, 플랫폼 노동자는 그 작동 방식이나 의사 결정 기준에 접근하기 어려운 구조에 놓인다. 이러한 맥락에서 플랫폼 노동에서의 정보 비대칭은 전통적인 주인-대리인 관계와 달리, 플랫폼 기업(주인)과 알고리즘 관리 시스템(대리 기능), 그리고 노동자 사이의 비대칭적 정보 구조로 재구성할 수 있다. 예컨대 배달 노동자는 자신에게 특정 업무가 배정된 이유, 평점이나 등급이 산정되는 구체적 기준, 수익 분배 구조의 세부 내용을 충분히 알기 어렵다. 이는 노동자의 예측 가능성과 협상력을 약화시키고, 플랫폼이 설정한 규칙에 종속되는 결과를 초래한다. 이러한 맥락에서 재구성된 대리인 이론은 플랫폼 노동에서 알고리즘을 매개로 형성되는 정보 비대칭과 통제 구조를 완화하려는 제도적 대응으로 이해할 수 있다.

테크노레귤레이션

테크노레귤레이션(techno-regulation)은 법이나 규범과 같은 전통적 규제 수단뿐 아니라 기술 그 자체가 행위의 가능성과 한계를 사전에 설계함으로써 규제 기능을 수행하는 현상을 분석하는 개념이다(Brownsword, 2008). 이 이론은 기술이 단순히 규제의 대상이 되는 것을 넘어, 규범을 집행하고 준수를 강제하는 규제 수단(regulatory modality)으로 작동할 수 있음을 강조한다.

플랫폼 환경에서 알고리즘은 이러한 테크노레귤레이션의 전형적인 사례로 이해될 수 있다. 알고리즘은 노동자의 업무 접근 가능성, 업무 배정 순서, 보수 산정 방식, 평점과 제재 기준 등을 사전에 설정된 규칙에 따라 자동으로 결정함으로써, 노동자의 선택 범위와 행동 양식을 구조적으로 형성한다. 이 과정에서 알고리즘은 개별 명령이나 사후적 제재의 형태를 취하지 않더라도, 노동 조건을 사실상 규율하는 기능을 수행한다. 전통적으로 이러한 규율 기능은 인간 관리자에 의한 지휘·감독, 법률 규정, 취업규칙이나 단체협약 등을 통해 이루어져 왔다. 그러나 플랫폼 노동에서는 이러한 규범적 기능의 상당 부분이 알고리즘에 의해 대체되거나 매개된다. 즉 알고리즘은 규제의 주체라기보다는 플랫폼 기업이 설정한 규칙을 기술적으로 구현·집행하는 규제 장치로 작동한다고 볼 수 있다.

EU의 AI Act가 고위험 AI 시스템에 대해 위험 관리와 투명성 의무를 부과하고, 스페인 라이더법이 노동조건에 영향을 미치는 알고리즘의 주요 기준을 노동조합에 공개하도록 규정한 것은, 기술이 수행하는 규제 기능을 제도적으로 인식하고 통제하려는 테크노레귤레이션적 접근의 구체적 사례로 평가할 수 있다.

근로자성 판단 기준의 재정립

대법원의 플랫폼 종사자 근로자성 판단

대법원은 플랫폼 종사자의 근로기준법상 근로자성 판단과 관련하여, 종전의 법리를 유지하면서도 플랫폼 노동의 구조적 특성을 고려해야 한다는 점을 명시하였다(대법원 2024. 7. 25. 선고 2024두32973 판결). 구체적으로 대법원은, 첫째 노무 제공자와 노무 이용자가 온라인 플랫폼을 매개로 연결됨에 따라 형식적인 직접 근로계약의 체결이 필수적이지 않은 사업 구조가 형성되고 있다는 점은 고려할 점이다. 둘째, 일의 배분과 수행 방식의 결정에 온라인 플랫폼의 알고리즘이나 복수의 사업 참여자가 관여하는 노무 관리의 특성을 근로자성 판단에서 함께 고려해야 한다고 판시하였다. 이는 플랫폼 노동에서 나타나는 간접적 · 다층적 관리 구조가 근로자성 판단에서 배제되어서는 안 된다는 점을 판시한 것으로 평가할 수 있다.

'고용 추정' 원칙의 도입 검토

플랫폼 노동의 구조적 특성을 고려하여 근로자성 판단의 입증 부담을 완화하려는 시도는 해외 입법에서도 나타나고 있다. 앞서 살펴본 EU의 "플랫폼 노동조건 개선 지침(2024)"의 고용 관계 추정 규정과 미국 캘리포니아주의 ABC 테스트가 대표적이다. 독일 연방노동사회부(BMAS) 또한 플랫폼 노동을 포함한 비전형 노동관계에서 근로자성 판단을 용이하게 하기 위한 입증 책임 완화를 정책 방향으로 제시한 바 있다(BMAS, 2020). 이러한 법적 흐름은 플랫폼 노동의 특수성을 고려하여, 기존의 근로자성 판단 틀을 보완하거나 절차적 보호를 강화할 필요성을 시사한다.

알고리즘 투명성·설명 가능성 의무

알고리즘의 블랙박스 문제와 각국의 대응

해외의 알고리즘 규제를 위한 접근을 살펴보자. EU는 디지털 서비스법(DSA), 일반정보보호법(GDPR), 인공지능법(AI Act)을 통해 플랫폼 알고리즘의 투명성을 강화하고 있다. 스페인의 Just Eat 단체협약에서는 임무 배정 알고리즘 투명성 및 알고리즘 위원회 구성이 포함되었다. 이탈리아의 B2B 식자재 주문 및 통합 관리 플랫폼인 Assogrocery는 단체협약으로 임무 배정 알고리즘 투명성 및 인적 대응 시스템 도입이 규정되었다. 프랑스는 플랫폼 종사자에게 플랫폼 내 고유 활동과 관련된 모든 자료에 접근할 수 있는 권리를 보장하고 있다(ILO, 2025).

알고리즘 설명과 평가의 의무화

알고리즘 투명성을 넘어 설명 가능성 의무가 요구된다. 이는 플랫폼이 알고리즘의 특정 결정(업무 배분, 평가,

보상, 제재)에 대해 노동자에게 설명할 수 있어야 함을 의미한다. EU의 GDPR 제22조는 자동화된 의사 결정에 대한 설명을 요구하고 있으며, AI Act는 고위험 AI 시스템에 대한 설명 가능성 요건을 규정하고 있다. 특히 플랫폼의 배차 알고리즘, 평가 알고리즘, 제재 알고리즘에 대한 설명이 요구된다.

알고리즘이 노동조건에 미치는 영향을 사전적으로 평가하고, 사후적으로 감사하는 제도의 도입이 필요하다. 알고리즘 영향 평가는 새로운 알고리즘 도입 전에 노동자에게 미칠 영향을 분석하는 것이며, 알고리즘 감사는 운영 중인 알고리즘이 공정하게 작동하는지 검토하는 것이다. 이러한 평가와 감사에 노동자의 절차적 참여와 권리도 함께 보장되어야 한다.

플랫폼 기업의 사용자 책임 명확화

사용자 개념의 확장 필요성

플랫폼 기업은 종종 자신을 단순 '중개자'로 규정하며 사용자 책임을 부인한다. 그러나 플랫폼이 업무(일감)를 배분 · 조정하고, 보수 · 수수료 구조나 가격을 사실상 결정하며, 평점 · 성과 지표를 통해 평가하고, 계정 정지 · 배차 제한 등 제재를 집행한다면, 이는 노무 제공 과정에 대한 관리 · 통제 기능(사용자 기능)을 수행하는 것으로 평가될 여지가 커진다. 국내 판례도 계약 형식(직접 계약의 부재, 위탁 · 도급의 외관)에만 구애받기보다 실질적으로 노무를 이용하고 통제하는 주체가 누구인지를 중심으로 사용자성(또는 그에 준하는 책임)을 판단하는 흐름을 보여 준다(대법원 2024. 9. 12. 선고 2023두50886 판결).

해외의 사용자 책임 확대 동향

해외에서 플랫폼 기업의 책임을 기존의 사용자-고용주라는 등식에만 가두지 않고, 플랫폼이 수행하는 통제 기능을 법적 책임을 넓히려는 경향을 살펴보자.

EU의 "플랫폼 근로 여건 개선 지침"[Directive (EU) 2024/2831]은 고용 관계 추정(요건 충족 시 근로자로 추정, 반증 책임은 플랫폼)과 알고리즘 관리에 대한 정보 · 설명 및 인간 검토 권리 등 플랫폼의 관리 · 통제 구조를 전제로 한 규율 틀을 제시한다.

호주의 경우 "클로징 루프홀(Closing Loopholes)" 계열 개혁 논의/입법 과정에서 플랫폼 · 성과 관리 기술에 대한 통제, 기준 설정 등이 강화되는 흐름이 보도되어 왔다. 다만 구체적으로 어떤 범주의 플랫폼 노동자에게 어떤 권리가 법문으로 확정되었는지는 개정 법률 조문에 따라 정리될 필요가 있다.

상기 해외 동향은 플랫폼이 실제로 수행하는 관리·통제 기능을 기준으로 근로자성 인정 범위를 넓히거나, 중간 범주를 통해 핵심 보호를 부여하거나, 고용 관계 분류와 무관하게 알고리즘 통제에 최소 절차를 부과하는 방향으로 전개되고 있다.

사회 보험 적용 확대

플랫폼 기업의 사용자 책임을 명확히 하는 쟁점은 결국 사회 보험(산재·고용 등) 적용 구조와도 연결된다. 사회 보험은 전통적 고용 관계(근로자)를 중심으로 설계되어 왔기 때문에, 플랫폼 노동이 '근로자/자영업자' 경계에 위치하는 경우 보호 공백이 발생할 수 있다. 이에 따라 여러 국가에서 플랫폼 종사자의 산재·사회보장 접근성을 높이는 방향(적용 범위 확대, 분담 구조 조정, 플랫폼 책임 강화 등)이 논의·진행되고 있으며, 한국에서도 플랫폼 종사자의 사회 보험 적용을 둘러싼 제도 논의가 계속되고 있다.

플랫폼 노동자의 노동조합법상 근로자성

대법원은 애플리케이션을 통해 콜을 배정받아 업무를 수행한 대리운전 기사에 대하여, 직접적인 고용 계약이 존재하지 않더라도 노동조합법상 근로자에 해당한다고 판단하였다(대법원 2024. 9. 12. 선고 2023두50886 판결). 이 판결에서 대법원은 계약 형식보다 노무 제공의 실질과 노무를 이용·통제하는 주체의 존재를 중시하였다. 즉, 플랫폼 구조하에서 노무 제공자가 형식상 자영업자로 분류되어 있더라도, 특정 사업자에게 경제적으로 종속되어 노무를 제공하고 그 과정에서 일정한 관리·통제를 받는다면 노동조합법상 근로자성이 인정될 수 있음을 명확히 하였다. 이에 따라 해당 대리운전 기사들은 수수료율, 업무 배정 조건 등 노무 제공과 직접 관련된 사항에 대해 사용자로 평가되는 주체를 상대로 단체교섭을 요구할 수 있는 법적 지위를 갖게 되었다. 이 판결은 배달 라이더, 퀵서비스 기사 등 유사한 방식으로 플랫폼을 매개로 노무를 제공하는 종사자들에 대해서도 노동조합법상 근로자성 판단에 중요한 참고 기준으로 작용할 가능성이 있다. 다만, 이는 개별 사안별 판단을 전제로 하며, 모든 플랫폼 종사자에게 일률적으로 노동조합법상 근로자성이 인정되는 것으로 일반화할 수는 없다.

단체협약을 통한 알고리즘 규율의 확장

플랫폼 노동 분야에서는 단체교섭의 의제가 전통적인 임금 · 근로시간 · 안전보건을 넘어, 알고리즘 관리와 데이터 투명성 같은 디지털 노동 환경의 핵심 요소로 확장되는 경향이 나타나고 있다. 실제로 여러 국가에서 체결된 플랫폼 노동 관련 단체협약 및 교섭 업무 배정 알고리즘의 운영 방식, 자동화된 성과 평가 · 제재 시스템에 대한 설명과 검토 절차, 플랫폼에서 생성되거나 수집된 데이터에 대한 접근권 보장 등이 근로조건 협의의 대상에 포함되는 사례가 보고되고 있다. 이러한 변화는 단체협약이 알고리즘과 데이터 체계가 노동 조건에 미치는 영향을 규율하는 규범적 요소로 다루기 시작했음을 보여준다.

경쟁법과의 충돌 문제 및 그 해소

플랫폼 노동자가 자영업자로 분류되는 경우, 이들이 집단적으로 수수료나 보수 조건을 협의하는 행위가 경쟁법(독점금지법)상 담합으로 평가될 수 있다는 문제가 오랫동안 제기되어 왔다. 이는 플랫폼 노동자의 단체교섭권 행사를 구조적으로 제약하는 법적 장애물로 작용해 왔다. 유럽연합 집행위원회는 이러한 문제를 해소하기 위해, 플랫폼 노동자－특히 경제적으로 종속된 자영업자－의 단체교섭에 대해 경쟁법 적용을 완화·배제하는 방향의 정책 가이드라인을 제시하였다(European Commission, 2022). 이는 플랫폼 노동자의 집단적 교섭을 시장 경쟁 제한 행위가 아니라 사회적 권리 보장의 영역으로 재정의하여 위치시키려는 시도로 평가된다.

플랫폼 노동 규범 재구성의 정책 과제

이 글은 플랫폼 노동자 보호를 위한 정책 과제를 입법, 행정, 사회라는 세 가지 영역으로 제시하였다.

입법적 과제로는 먼저 플랫폼 종사자 보호에 관한 일반법 제정이 필요하다. 이때 근로기준법 체계와의 중복·충돌을 최소화하면서 계약 투명성, 계정 정지 절차, 분쟁 구제 등 최소한의 권리 목록을 설정해야 한다. 또한 플랫폼 노동 조건을 개선하기 위한 플랫폼이 알고리즘 배차, 보수 결정, 제재 등 일정 수준의 통제를 행사하는 경우 근로자로 추정하고 입증 책임을 플랫폼에 부과하는 제도의 단계적 도입을 검토해야 한다. 다만 이는 직종, 규모, 위험도별로 차등 적용이 병행되어야 한다. 아울러 알고리즘 결정에 대한 설명 요구권, 인간에 의한 재검토 요청권, 사전 통지 의무 등 절차적 보호를 법제화하고, 사회 보험 적용 범위를 확대하며 보험료 분담 구조를 구축해야 한다.

행정적 과제로는 단발성 실태조사가 아닌 정기 통계와 패널 조사를 통해 플랫폼 노동 실태에 대한 상시 모니터링 체계를 구축해야 한다. 또한 알고리즘의 공정성, 차별 여부, 노동 강도 영향 등을 점검할 수 있는 독립적 감사 기구나 전담 조직을 설치할 필요가 있다. 계정 정지나 평점 하락 등 불이익에 대해 노동자가 부담 없이 이의를 제기하고 일정 기간 내 판단을 받을 수 있는 신속한 분쟁 해결 절차도 마련되어야 한다. 법률 제정 이전이라도 행정 가이드라인을 통해 알고리즘 운영, 계약 관행, 취약 계층 보호에 관한 일정한 기준을 제시하는 방안도 검토될 수 있다.

사회적 과제로는 플랫폼 노동을 단순한 유연한 부업이나 개인 선택의 문제가 아닌, 사회적 권리와 책임의 대상이 되는 노동 형태로 인식하는 전환이 필요하다. 플랫폼 기업 역시 공정한 알고리즘 운영 원칙, 설명 가능성 확보, 계정 정지 절차의 정당성 등을 내부 규범으로 정립하는 자율 규제와 책임 경영을 실천해야 한다. 이는 기업의 법적 리스크 관리와 사회적 신뢰 확보에도 기여한다. 마지막으로 노동조합, 협동조합, 직종별 협의체 등 다양한 형태의 플랫폼 노동자 조직화를 지원하는 제도적 기반도 함께 마련되어야 한다.

참고문헌

「근로기준법」. [시행 2025. 10. 23.] [법률 제20520호, 2024. 10. 22., 일부개정].

「노동조합 및 노동관계조정법」. Act No. 19559

대법원 2024. 7. 25. 선고 2024두32973 판결.

대법원 2024. 9. 12. 선고 2023두50886 판결.

Assembly Bill No. 5, Cal. Lab. Code § § 2750.3, 3351(2019).

BMAS(2020). Eckpunkte des BMAS: Faire Arbeit in der Plattformokonomie.

Braverman, H.(1974). *Labor and monopoly capital: The degradation of work in the twentieth century*. Monthly Review Press.

Brownsword, R.(2008). *Rights, regulation, and the technological revolution*. Oxford University Press.

European Commission(2022). Guidelines on the application of EU competition law to collective agreements regarding the working conditions of solo self-employed persons (2022/C 374/02).

European Union(2016). Regulation (EU) 2016/679 of the

European Parliament and of the Council of 27 April 2016 on the protection of natural persons with regard to the processing of personal data [GDPR], 2016 O.J. (L 119) 1.

European Union(2024a). Directive (EU) 2024/2831 of the European Parliament and of the Council of 23 October 2024 on improving working conditions in platform work, 2024 O.J. (L) 2831.

European Union(2024b). Regulation (EU) 2024/1689 of the European Parliament and of the Council of 13 June 2024 laying down harmonised rules on artificial intelligence [AI Act], 2024 O.J. (L) 1689.

Jensen, M. C. & Meckling, W. H.(1976). Theory of the firm: Managerial behavior, agency costs and ownership structure. *Journal of Financial Economics, 3*(4), pp.305~360.

Srnicek, N.(2017). *Platform capitalism.* Polity Press.

Uber BV v. Aslam [2021] UKSC 5. [UK Supreme Court]

남승석

서울대학교 객원연구원이자 영화감독으로 KAIST에서 영상예술을 강의하고 있다. 연세대학교 매체와예술연구소에서 연구교수를 지냈다. 서강대학교에서 철학을 전공하고 동 대학원 컴퓨터공학과에서 음성인식을 연구했으며, 이후 시카고예술대학과 파리 에콜 데 보자르에서 실험 영화를 공부했다. 서강대 영상대학원과 하버드대학교에서 풍경과 영화, 도시 및 영화적 지도그리기에 관한 연구를 진행했다. AI·알고리즘과 플랫폼 노동, 기능성 게임과 생태주의 등을 학제적으로 연구하고 있다.

여현철

연세대학교에서 커뮤니케이션학 석사, 서울과학종합대학원에서 경영학 박사를 받고, 성균관대학교와 방송통신대학교에서 문학과 법학을 수학했다. 현재 방송미디어통신심의위원회 통신심의국 전문위원으로 온라인 정보 유통과 규제정책을 담당하고 있다. 미디어·경영·법·IT 정책을 아우르는 학제적 관점에서 AI와 노동, 플랫폼 시장의 작동원리와 책임구조, 미디어와 ESG경영, 위성통신망 확산 등 기술변화가 미디어 질서와 시장·제도에 미치는 영향을 분석 대상으로 삼고 있다.